눈물 꽃

장봉천 시집

도서출판 천우

그대가슴에머무
는동안난별이되어
그대잠든창가에서
그리움되리라

장봉천님의시 별을 상계 쓰다

장봉천 시 「별」을 常溪 쓰다
(상계 김성학 – 의학박사, 부산이비인후과 원장, 부산미술대전 초대작가)

눈물 꽃

들녘에 피고 지는 저 이름 없는 풀꽃을 보라. 그 풀꽃에 맺힌 이슬방울이 어쩜 그렇게도 가슴속에 저미어오는가. 나는 그 풀꽃을 볼 때마다 무언의 그리움 속에 젖어 눈시울을 적신다.

내 마음속에 고이 간직한 사랑이 있다면 애견 솔이다. 솔이는 풀꽃에 지나지 않은 유기견에 불과하지만, 우리 품에 안기고부터 사랑을 독차지했다. 솔이는 마치 바람이 불면 날아갈까 봐, 꽉 쥐면 터질까 봐 가슴이 조마조마했던 그런 어여쁜 친구였다. 그의 눈매는 풀꽃에 맺힌 이슬처럼 반짝였다. 그는 신비의 세상을 다 담고 있는 듯 아름다움의 극치였다. 아직도 잊히지 않는 솔의 환상에 눈물짓는다. 그리고

"솔아" 하고 조용히 불러본다.

얼마나 사랑했는지 내 마음의 노래는 시냇물처럼 흐른다. 마음은 늘 눈물 꽃이 되어 냇물에 띄우는 종이배처럼 동동 떠다닌다. 잡지도 못하고 뿌리치지도 못하는 그리움이 왜 이다지도 가슴을 울리는가. 사랑하는 솔이를 또다시 가슴에 안고 속으로 한 바가지가 넘도록 눈물을 쏟는다. 내가 솔을 부르기 전에, 그가 남긴 추억 속의 그리움에 그만 사로잡히고 만다.

이 눈물 꽃은 사랑의 미로가 되어 그와의 다정했던 지난날, 행복과 기쁨이 교차되어 풀꽃처럼 피고, 또 피리라 믿고 싶다. 너무도 그를 사랑했기에, 아낌없이 정을 주었던 나의 친구를 늘 가슴에 담았는데,

그는 바람처럼 훌쩍 떠났으니 그 얼마나 마음의 상처를 받았는가. 저 울먹이는 아내의 눈물을 그 누가 씻어주랴. 자고 나면 그리움이 영혼 속에 사로잡혀 눈물을 뚝뚝 흘리는 아내의 애잔한 모습은 풀꽃처럼 애처롭다. 아직도 부족한 내 마음의 노래를 가슴으로 담아 눈물 꽃을 피우리라.

2017년 9월

장 봉 천

제 1 부

까아만 눈동자 속에는

● 시인의 말

제2부

눈물 꽃

제3부

정情

제4부

솔아 별을 따다 주렴

제5부

별

제6부

소중한 것을 잃었을 때

제7부

동그란 의자

제1부

까아만 눈동자 속에는

까아만 눈동자 속에는

까아만 눈동자 속에는
별처럼 반짝이는 영혼을 담고 있다

까아만 눈동자 속에는
끝없이 펼쳐진 파아란 하늘을 담고 있다

까아만 눈동자 속에는
희망이 넘치는 바다를 담고 있다

까아만 눈동자 속에는
무지개처럼 영롱한 꿈을 담고 있다

까아만 눈동자 속에는
아직도 식을 줄 모르는 사랑을 담고 있다

별을 따러 가자

산을 넘고 물을 건너
계곡을 지나 저 푸른 들판으로
우리 별을 따러 가자

천 리 길도 마다치 않고 달려간
그곳 주산지
가을은 물결 위에 붉게 춤추고

너의 별, 엄마 별
호수에 잠긴 햇살은 나의 별
빛살 젖은 갈잎 하나 가슴에 담누나

2007. 가을 주산지

햇볕 쏟아지는 언덕

따스한 햇볕
어여쁜 생명의 머리 위에
살며시 내려앉고
눈빛으로
쫑긋 두 귀를 세우고
꼬리를 흔들며
살포시 안겨드는 솔이
사랑과 미움
만감이 교차하는 순간
나는 그를 꼬옥 껴안았다
사랑은 영혼으로
주고받는 것
사랑이 머문
햇볕 쏟아지는 저 언덕
우린 햇살을 훔친다

안개꽃

잡힐 듯 잡힐 듯이
잡히지 않는 그대 그리움
내 맘속 깊이 심어주고 간
애틋한 사랑
꿈길에서 불러보는 사랑아
내 사랑아
그대는 물안개처럼
소리 없이 사라진 하얀
안개꽃
간절한 소망 다 뿌리치고
그렇게도 길을 재촉하였던가
아직도 못다 한 사랑
못 잊어 눈물짓는
설움에 찬 안개꽃

해바라기의 꿈

가냘픈 지주 하나로
봄부터 가을까지 오직 사랑만을 위해
바람과 비, 뇌성에 굴하지 않고
가슴 졸이며 꽃피운 두상화頭狀花

이 한 몸
생존의 번식을 위한 작은 소망
그대만을 바라보고
수천 번 머리 조아리며
폭풍우 속에서도 흔들림 없이
가슴을 활짝 열고
생명의 잉태를 향해 사랑을 속삭였지

그대는 나의 생명
황토색 언덕 위에 홀로 서서 외로움 달래며
동녘 하늘을 향해 꽃피웠던 꿈
어둠이 그댈 훔쳐 달아난다 해도
난 끝없이 노래하리라

9월이 오면

커피포트 물 끓는 소리
도마 위에 우엉 썰어대는 소리
마냥 행복이 창살을 두드리는 소리
그대 체취가 물씬 풍기는 공간
새벽은 서서히 햇살을 피운다

푸른 구월의 하늘 길
저 멀리
까치와 참새 떼 조잘대고
솔향기 넘실거리는 초록의 계절
푸른 잎이 햇살을 반짝인다

보라, 찬란한 구월의 생명을
굽힐 줄 모르는 그대 영혼의 울림을
그 길을 걷고 있노라면
내 영혼은 행복에 겨워 눈물이 난다

구월이 오면
삶은 우릴 한마음으로
끝없이 달리는 사랑의 노예가 되어
그대 이름을 불러도 싫지 않으리

내 마음은 별처럼

사랑이 물결처럼 넘실대는
고요한 밤
솔이와 함께
저 별을 헤아린다
별 하나 별 둘 별 셋
나의 별은 초저녁 별
너의 별은 샛별
또 하나의 별은 엄마 별
가을처럼 익어가는
찬란한 계절
그 한복판에 서서
다정히 불러보는 우리 별
내 마음은
별이 되어 졸고 있다

2015. 10. 고요한 밤

애견 사랑

나의 사랑스런
미니어처 슈나우저 장솔
생사의 기로에 서서
신부전腎不全 치료차
링거액 주사, 포도당을 주입했지

깨어나라, 일어나라
예전처럼 천방지축으로
함께 뛰어놀자
우리가 살면 얼마나 살지
목이 터지도록 불렀지

발걸음

땅거미 내리깔리는 오솔길
왠지 발걸음이 무겁다
어디 발걸음뿐인가
몸도 마음도 무겁다
무거운 짐을 다 내려놓아야 하는데
내려놓을 수 없는 것이
욕심이다
가만히 생각해보면
하잘 데 없는 욕심이
발걸음을 무겁게 하누나

2016. 5. 4. 오후 6시 공원 오솔길

사랑

고귀하신 하나님!
가슴속에 새겨진
애틋한 사랑
자비하신 그 말씀
옹달샘처럼 맑은 물소리
별처럼 아름다운 사랑
영혼과 육신을
사랑으로 어루만지소서

은혜로움이 강물처럼 넘치고
영혼 속에 축복이 되어
영원토록 가슴속에
소망의 꿈을 심어주신 하나님
봄비처럼 촉촉이 적셔지는
그 크신 사랑이
마음속 깊이 꽃이 피네

2016. 5.

사월의 길

사월이 저무는 그 길은
외로운 길
떨어진 꽃잎들의 잔재
아작아작 목발에 눌려
신음한다

한 걸음 또 한 걸음
오솔길에 놓인 발자국
내 마음속에 사월은
소리 없이 저문다

임과 함께 거닐던
허리 굽은 꽃길
이젠, 고목의 가지 끝에
침묵하는 초록색 치마
고독이 밀려온다

시월이 오면

시월의 속삭임이 가슴속 깊이
소복이 쌓이는 낙엽들
마음은 무지개 빛살 저 언덕에서
가슴 설레며 시월을 달군다

그대여
낙엽 떨어지는 저 소리를
속절없이 타들어가는 하얀 가슴
그리움에 사무친 긴 세월
당신의 다정했던 그 고운 목소리

장작불처럼 타오르는 시월의 몸부림
이 밤이 새고 나면 다 떠나갈 인연
그래도 오선지에 그대 마음을 새겨
부르고 싶은 내 노래를

햇살 돋는 창가에

새 아침이 밝았다
햇살 돋는 창가에 누워
소리 없는 몸부림

그 얼마나 아픈 고통인가

이 시간이 지나면
돌아올 수 없는
저 먼 길
그곳은 이승에서 못다 피운
사랑이 꽃피고 있을까

못다 피운 사랑
울먹이는 이 마음
너의 곁에
내 그림자를 심어다오

언제 또다시 너와 함께
햇살 돋는 창가에서
그리움을 훔치려나
귀여운 동무야

2015. 12. 25.

마음속에 묻어둔 영혼

눈을 감으면 안겨드는 너를
이 밤도 별님을 안고 서러워 눈물짓네
오랜 꿈을 꾸자던 너와의 다정한 시간들
지난 그 겨울밤은 너무도 따뜻했었네

깊어가는 밤 못 잊어 눈물짓고
임과 함께 사이좋게 이불 속을 헤집고
살며시 품속에 안겨들어 속삭였던 그 순간들
영혼은 허공중에 몸부림치고
휑하니 부는 바람 날 울리고 떠나가네

옛 임이 가신 그날 밤처럼
싸늘한 그대 주검을 가슴에 묻고
그곳으로 달려가 노오란 삼베옷에 싸인 너를
임과 함께 옷고름을 감싸며 울먹인 손마디
문풍지처럼 떨려오는 서러운 밤이여

은회색 빛깔 작은 체구로 손녀처럼 다가와
발라당 누워 요리조리 눈빛을 마주치던 너
살며시 너의 가슴을 문질렀지

그 가냘픈 숨결 아직도 내 영혼을 감싸고
햇살처럼 흘러내리는데
이 밤도 잠 못 이루는 애달픈 밤
못 잊어 눈물짓는 쓸쓸한 밤이여

2016. 1. 18. 자정

눈동자

별처럼 영롱한 눈동자
그 속엔
달님을 담고 있다
알람시계처럼 새벽을 깨우는
사랑스런 나의 친구
그 세월이 11년
우리 가슴속에
용기와 희망을 심어주고
사랑을 꽃피운
어여쁜 솔이
아아 넌
내 마음속에 눈물 꽃을
피우고
그렇게 훌쩍 가버린
사랑의 꽃
가엾은 친구여

사랑아 내 사랑아

목메어 불러보는
사랑아 내 사랑아
지평선 저 멀리 가물거리는
슬픈 사랑

봄은 저만치서 뚜벅뚜벅
걸어오는데
가슴속에 피는 저 목련꽃
얄미운 꽃이여

새날

새날 아침이 밝았다
병신년 잔나비를 여는 찬란한
태양은 솟아오르니
희망의 꽃을 피운다

햇살 돋는 그 오솔길
사랑을 꽃피운 나의 친구는
이젠 간곳없으나
햇살은 마른 풀포기를
살포시 감싼다

그리고
그대 그림자를 밟는
이 순간
만감이 교차하여
뜨겁게 가슴이 데워진다

나는 그대 사랑스런 미소에 젖어
가슴을 활짝 열고
힘차게 이 길을 걸어야지
하면서도 걸음이 멈춰지는 것은
그대 그리움이리라

따스한 햇살처럼 안겨드는
그대 생각에
내 영혼
추억 속에 잠긴다

사로잡힌 영혼

그대는 내 영혼 속에
피고 있는 수선화

눈을 감으면
꿈길에서 안겨드는
어여쁜 사랑

그대의 작은 미소
사로잡힌 영혼

아—
무지개처럼 피었다
사라지는 그대여

제2부

눈물 꽃

시공時空 속의 추억

다정했던 그 길은
추억 속에 맴돌고
낙엽은 가을을 훔치고
달아난다

내 맘속에 사무친
정 때문에
버릴 수 없는 한 생명
이다지도 가슴이
아플 줄이야

그 정 때문에
잊지 못하고
그 길을 따라
걷고 있는 발자국
날 울리는 사랑

2015. 11. 21.

눈물 꽃 1

샛별은 창살을 타고 흐른다
고요의 밤을 깨뜨리는 저 거친 숨결
노란 액체를 토해내는 솔이
그를 지켜보는 내 심장은 차디찬 얼음같이
그만 굳어지고 만다

가냘픈 턱을 손등 위에 얹어 놓고
끝없이 사막을 걷는 애처로운 숨결
아, 참을 수 없는 고통의 연속

별빛은 그대 잠든 창가에서 졸고
새벽을 깨우는 알람시계 구슬프다
잃어버린 한 생명
가슴 아프게 날 괴롭히고 달아나는구나

기어코 떠나야 할 생명체인가
숨결이 멎는 그 시간은 차마
잊을 수 없는 슬픈 연가
폭우처럼 슬픔이 쏟아지누나

널 부둥켜안고 흐느끼는 엄마
마저 피우지 못한 한 떨기 꽃이여

슬픔은 꽃잎처럼 낙화하고
두 뺨을 적시는 눈물 꽃

그대 피우지 못한 꽃잎 가까이
두 눈동자를 쓰다듬는 이내 심정
이별의 순간
가슴으로 쓸어 담고
창가에 서서 별빛을 훔친다

이 아픔 다 씻지 못하고
부르는 내 노래는 낙숫물처럼
뚝뚝 떨어지는 슬픈 운명
널 가슴에 안고 뚜벅뚜벅
새벽이슬을 밟았지
아직도 별처럼 반짝이는
그대 눈동자
이마에 적셔지는 눈물 꽃이어라

2015. 12. 27. 새벽

눈물 꽃 2

그대는 가슴속에
곱게 피는 눈물 꽃
풀꽃에 맺힌 이슬방울처럼
소리 없이 떨어지는 꽃

얼마나 사랑했는지
별처럼 영롱한 아름다운 눈동자
그대 살아 있으매
행복하였노라
해맑은 고운 음성
영혼이 깨어 있어 행복했노라

하지만, 그대여
그대의 가냘픈 숨결
월광곡 음률처럼 내 곁에 머물지 못하고
훌쩍 떠나다니
아, 슬프다 이내 심정이여
이다지도 슬픈 상처를
그냥 주고 떠났는가

해 저문
그 겨울 고목 아래

그리움은 별빛처럼
날 오라 손짓하건만
그대 음성은 풀꽃에 맺혀
터지는 울음소리
영혼은 눈물 꽃 되어 떨어지누나

아, 사랑하는 임이여
사모했던 임이여
죽도록 사랑한 임은 떠났노라
사무치도록 사랑한 임은 간 곳이 없구나
불러도 대답 없는 임이여
그대 이름은 허공 속에 메아리 되어
대지 위에 떨어지누나

낙엽은 우수수 가슴 위에 쌓이고
겨울비는 추적추적
설움에 겹도록 울먹인다
아, 사랑하는 임은
내 마음속에 피는 눈물 꽃

2016. 12.

안개 속에서

안개 속을 거닌다
소리 없이 따르는
그림자
갈 곳 잃은 내 마음은
안개 속에 젖어
흘러내린다

사랑하는 그 모든
생명의 숨결들
하나씩 꺼져 가는데
여기, 텅 빈 공간에 서서
못다 한 사랑
눈물로 얼룩지네

마저 피우지 못한 꿈

이름표를 달고 함께 달려가기를 원했는데
우리 영혼이 묻히는 그날까지 씩씩하게 달려가려 했는데
그곳은 아직 길이 멀어
힘차게 달려가야 했는데
너에게 닥쳐온 신부전이 그처럼 무섭단 말이냐
함께했던 그날들, 즐거워서 마냥 뛰어놀던 지난날들
이제 맥없이 축 처져 있는 너의 모습
가련하고 불쌍하구나!
나의 친구야
매년 봄이면 솔향기 뿜어내고 찬란한 꽃으로 물드는데
사랑하는 솔은 어찌 향기로움이 없는가
작열하는 태양 볕 아래 시들어가는 풀잎처럼
서서히 말라버린 영혼이여!
어서 일어나라
우리가 아직 피울 꿈이 기다리고 있잖니
들꽃이 피는 저 찬란한 봄을
우리 함께 그곳으로 달려가지 않으련
사랑하는 솔아
못다 피운 꿈 내 마음에 꽃이 되어
눈물이 앞을 가리누나

2015. 12. 22.

가을 연가

솔아
우리 붉게 물든 단풍잎을 따려무나
장작불처럼 타닥타닥 타오르는
불꽃 잎을 따지 않으련

너 비록 말 못하는
벙어리라도 좋아
네가 있으매 행복하고
이 작은 꿈을 피울 수 있어
외롭지 않았어

솔아
꿈이 소생하는 가을이 훌쩍 떠난다 해도
마음 아파하지 말자
낙엽 떨어지는 저 소리를
다시 듣는다 해도
서러워 말자

사는 날 동안
푸른 잎이 붉게 타오르는
가을 향기 속으로 풍덩 빠져드는
그 순간만 생각하자
행복은 그곳에서 꽃을 피우지

마지막 외출

뼈만 앙상한 솔이
먹은 것이 없으니
남은 것은 영혼의 숨결
물끄러미 바라만 보는
연두색 밥그릇
하얀 대야에 가득 채워진 맑은 물
가냘픈 혀로 야금야금 먹다
그만 돌아서고 마는 애처로운
너의 모습

죽음이 도래하던 순간
새 힘이 솟는 것처럼 이제껏 보지 못한
본능적 행동을 보라
꼬리를 살금살금 흔들고 다가서는
그의 모습이 애처롭다

얼른 목줄을 챙겼지
패딩을 입히고 무언의 속삭임을 나눴지
따스한 햇살 젖어 흐르는 공원길을
우리 함께 달려가자꾸나
그를 안고, 걸리고
노랑 잔디밭을 향해 걸었지

오랜만의 외출이다
지난 11년을 오고 갔던 그 오솔길
모든 생명의 숨결은 아직도 식지 않고
사랑을 노래하는데
내 품에 안긴 그의 숨결은 왜 이리 거친가?
햇살을 머금고 춤을 추는 노란 잔디 위에
사랑하는 영혼은 어두운 그림자
진정 그를 너무도 사랑했는데
영혼에 사로잡혀 그렇게도 사랑했는데
그의 숨결은 작은 그림자 되어
어둠 속에 묻힌 가엾은 생명

그는 마치 기다려 왔다는 듯이
종종걸음으로 걷다 말고 다시 우리 품에
안겨들었다
지난날 일상의 모습처럼 소나무와 바위
그리고 마른 풀잎 가까이로, 더 가까이 다가가
그를 가슴에 안은 채
코를 맞대고 울먹이는 심정은 소리 없는 몸부림
아— 울고 싶어라

근육질로 뭉쳐진 예쁘게도 생긴 통통한 엉덩이
그 아름답던 엉덩이는 어디로 가고
이제는 바람에 날아갈 것만 같은 가냘픈 엉덩이
깡마른 몸체에서 깃털 하나 허공에 나부낀다
나의 사랑하는 솔
이 정도는 단번에 달려갈 그 길을
수십 번 걷다 안겨드는 애달픔
멍멍 소리 한번 내지 못하고
그냥 비틀비틀 걷다 말고 멍하니 하늘만 쳐다보누나

아, 불쌍한 나의 동무
이제 떠날 때가 되었나 보다
땅 그림자는 너의 머리 위로 살포시 내려앉는데
날 바라보는 너의 눈가에 맺힌 눈물
그 얼마나 고통을 노래했는가
설움에 북받쳐 마음 서러워서 눈물 나누나
오— 사랑하는 친구여
이것이 마지막 외출이 될 줄이야

2015. 12. 22.

미음의 효력

미음米飮*의 효력이 이렇게 클 줄을 몰랐다 그 옛날 어머니께서 맥없이 쓰러져 허기진 나를 안고 쌀죽을 끓여 미음을 한 숟가락씩 입에다 넣어주셨다 문득 그 생각이 나서 아내의 도움을 청했다 찹쌀을 불려 죽을 끓여 믹서기에 갈아 걸쭉한 미음을 만들어 주사기를 사용하여 솔이 입에다 넣었다 잠시 후, 꼼짝 않고 누워 있던 그는 슬그머니 일어나서 아내 앞으로 걸어 나왔다 이게 웬일인가? 미음의 효력이 죽어가는 그를 일으켜 세웠다 아무것도 먹지 못하고 며칠 동안 누워만 있던 솔이, 그는 창가로 베란다로 걷고 또 우리에게로 다가왔다 미음의 효력이 이렇게 클 줄을 누가 알았겠는가 그의 건강을 잠시나마 회복 시켜주었는지 아니면 순간 미음이 잠시나마 시간을 연장시켜주었는지도 모른다 참 고마운 일이다 하나님께 늘 묵상하며 기도한 탓일까 하나님은 이 불쌍한 생명에게 미음을 주시고 벌떡 일어나게 하신 줄로 믿는다 그 옛날 어머님이 나의 생명을 어여삐 여기신 것처럼 이 생명에게도 식이요법을 할 수 있도록 선몽한 줄로 믿는다 정성은 바로 믿음이요 사랑의 결실임을 믿는다 그에게 이 순간을 늘 볼 수 있

었으면 얼마나 좋으리 모처럼 솔의 일상을 보노라면
내 마음은 기쁨과 희망이 솟는 것 같다

2015. 12. 25.

* 미음米飮 : 입쌀이나 좁쌀에 물을 충분히 붓고 푹 끓여 체에 걸러낸 걸쭉한 음식. 흔히 환자나 어린아이들이 먹는다.

바람아 말해다오

칠흑 같은 긴 밤
세차게 몰아치는 바람
예쁜 동무 깰라
조용히 지나가라
그대 사랑은 포도 알처럼 아름다운 것
이 밤이 지새고 나면
서러운 하루
샛별은 창가에서
슬피 울고
동백꽃 피다 말고 움츠리고 있네
바람아
이젠 놓아주려무나
두 볼에 흘러내린 눈물 자국
이 아픔을
바람아 말해다오

2015. 12. 23. 새벽

슬픈 눈물

내 마음속에 묻어둔
어여쁜 솔이
너는 어찌 이별의 슬픔을 주는가

바람 잠들고
햇볕 스며드는 창문을 열자

마음은 저 먼 지평선
정 주고 사랑한 것이
죄이라
이다지도 가슴 아픈
공허함이여

차라리 이 순간
고장 난 시계처럼
내 눈물도 멈췄으면 좋으리

2015. 12. 23.

슬픈 연가

그 어느 날
외진 시멘트 바닥에 누워
가냘픈 혓바닥을 내밀고
죽음의 순간을 기다리고 있었던 유기견
소중한 생명 가슴에 담고
입양의 기쁨 11년의 세월
솔아
얼마나 너를 사랑했는지
그 얼마나 가슴속에 심은 정情
이제야 생명의 소중함을 느낄 수 있다니
참으로 애통하구나

한 가족의 일원이 되어
사랑을 독차지한 나의 친구야
아직도 세월은 끝없는 시간을 낳고
흘러가는데
넌 어찌 인연이 그것뿐인가
여기가 너와의 인연이 끝인가 보다
아, 정이 뭐길래
이다지도 가슴이 아픈가
너와 함께한 세월을 생각하면
서재에서, 산책길에서 깡충깡충 뛰어놀며

놀았던 지난날들
서로 얼굴 비비고 기쁨과 웃음을
감추지 못하였던 그 추억들
주마등처럼 스쳐 지나가고
그 순간들이 가슴에 닿을 때마다
왜 자꾸만 눈물이 앞을 가리고
가슴이 미어지는가

넌 한없는 정을 가슴에 심어놓은
어여쁜 친구
이젠 멍멍 짖지도 못하고
눈빛도 주지 않고
멍하니 허공만 바라보고
어찌 떠날 날만 기다리는가
신부전증!
그 무서운 병에 걸렸으면
아파하는 시늉이라도 해야지
왜 아무 말이 없는가
그 순간을 바라보아야 하는
아빠의 심정
아—
가슴에 맺힌 눈물이어라

사랑하는 솔이야
아름다운 나의 생명이여
가냘픈 너의 숨결을 오래도록 듣고 싶구나
오 하나님! 이 불쌍한 영혼을 굽어 살피소서
정녕 영혼마저 가져갈 테면 가라지
우리 곁이 그리도 싫으냐
그립지 않으냐
너를 향한 11년의 세월을 붙들고
정성을 쏟아부은
엄마의 눈물은 어쩌려고
슬픔에 젖어 흐느끼는
그대 눈물 누가 씻어주리
그 모습을 어찌 감당하리
사랑하는 솔이야
아아, 불쌍한 것

2015. 12. 24. 오전 09:00

개떡 같은 삶

죽음을 눈앞에 두고
부르르 떨고 있는 저 영혼
그대여! 서러워 마라
아직도 살아 있으매 행복하여라

들녘에 핀 풀잎도
푸르름이 나풀거릴 때
사랑이 무르익어 가듯
우린 살아 있어 행복하였네

비록 삶이 그댈 괴롭혔더라도
참고 견디면 좋은 날도 있으련만
그대여! 서러워 마라
개떡 같은 삶을

개떡 같은 운명

깊어가는 겨울밤
애달프다 그 말마저 하지 못하고
꼭 다문 입술
초점 잃은 눈동자
기억조차 잃어버린 영혼

길고도 먼 그 길
낮과 밤을 동무하여 달려왔던 생명
울지 않는 풍차처럼
애절한 미움들이
뼛속 깊이 파고드는 아픔이여

운명은 생사의 갈림길에서
그 추억을 잊은 듯
시리도록 아픈 상처
눈물로 얼룩지네

사랑도 미움도
모두 다 사그라진, 멈춰버린 시간들
빼앗긴 들녘에 떨고 있는 풀잎처럼
서럽게도 흐느끼는 영혼

고통과 슬픔을 죄다 잊고
하얀 포대기에 싸인 얄미운 사랑
새벽을 깨우는 수탉의 울음처럼
샛별은 창가에 떨어지고
가슴에 시려오는
아 개떡 같은 운명이여

*2016년 명작선『한국을 빛낸 문인』 게재 작품.

개뿔 같은 세상

잡지도 못하고
광주리에 담을 수도 없는 저 구름
기쁨도 한순간
즐거움도 한순간
하늘을 우러러 탄식해도
슬픔만 더해주는 세상

그대 사랑은 영혼 속에 뿌리내려
영원한 길동무가 되려 했는데
하지만, 그대는 바람처럼 가버린 사랑
운명이란 게 다 그런 거지 뭐
풀잎에 맺힌 사랑
이슬처럼 잠시 머물다 사라지는
우리네 사랑인 것을

생명은 다 소중한 것인데
의료혜택이 없는 현실 앞에서
굴복해야 하는 생명의 숨결들
아, 애견들아

세상은 온통 이기주의에 팽배해져
배려할 줄 모르는 세상

그대는 많이 고통스러웠지
언제쯤 우리들 가슴팍에 시원한 바람이
불어 올까?

보라, 하나 둘 숨통을 죄며
소리 없이 사라지고 있는 저 아우성
서러운 세상 지는 해를 보고 원망하랴
아, 개뿔 같은 눈물이여

얄궂은 운명

너를 만나지를 않았다면
이다지도 가슴 아픈
슬픈 일은 없었을 거야

초록이 넘실대는 저 들판을
날개를 펼치고 훨훨 날지 못하는
한 마리 새

그대 그리움에 사무친 안개꽃
밤마다 창가에서 눈물짓는 저 별을
가슴에 안고 독백하는 서글픈 마음

아, 가슴 아프게 가슴 아프게
설움에 북받쳐 흐느끼는
얄궂은 운명

행여나 찾아올까 봐
뒤돌아보면 보이는 것은 뭉게구름
들려오는 것은 뻐꾸기 울음소리

차라리 만나지를 않았다면
내 마음속에 그대 그리움은 물안개처럼
피어나지 않았을 것을

2016. 5. 28. 아침 뻐꾸기 울 때

숫총각

샛별이 창가에 젖어 흐르고
고요가 안개처럼 피어오르는 밤
슬며시 가슴을 헤집고 끙끙대는
그의 야릇한 몸짓
나는 지그시 눈을 감고
그의 거친 숨결을 듣는다

언제나 같이 내 가슴팍에
속삭이는 그의 사랑은 외로운 길
예쁜 동무를 두지 못한 것을 가슴 아프게
후회를 했지

하지만, 그는 스스로 해결하려 드는 본능
그의 애정은 끝없는 무언의 사랑
긴긴 세월 속에
그를 그렇게 숫총각으로 묶어둔 것이
못내 가슴이 아프다

사랑은 꿈속을 헤매는 그만의 자위행위
그는 내 곁에서 그렇게 사랑을 구걸하다
숫총각으로 이슬처럼 사라진
가엾은 사랑

울고만 싶어

솔이 어디 있어
여기도 없고 저기도 없네
솔아 아빠가 부르잖아
어디 있어 빨리 나와 응
불러도 대답 없는 솔
왈칵 솟구쳐 오르는 눈물
감출 수가 없구나

텅 빈 공간
빤히 쳐다보는 사진 속
솔의 얼굴
부르는 내 목소리는
메아리 되어 창살에 떨어지누나
아, 울고만 싶어

2016. 2. 4. 오후 12:20 외출 후 귀가

갈대꽃 필 때면

푸른 낙동강 변 갈대꽃 필 때면
나는 눈을 지그시 감고 그리움을 담는다
그대 영혼 속에 담긴 미운 정, 고운 정
그리고 풋사랑까지도 가슴속에 담는다

갈대숲 사이로 출렁이는 물결
물총새는 햇살을 쪼아대고
홍시처럼 익어가는 낙동강 노을 속
내 영혼 찬연히 숨결이 머문다

갈대꽃 필 때면
내 마음 서성이는 갈바람
속절없이 타들어가는 그대 그리움 난,
갈대숲 사이로 서서히 떨어지는 석양빛

제3부

정情

정情

정 주고 떠난
너
그 정이 뭐길래
이다지도 가슴 아픈가

샛별이 창가에서 사라지는
그 시간
사랑하는 그는 떠났다

내 품에 안겨
고이 잠든 어여쁜 솔이
그 고통을 참느라
얼마나 숨결이 가빴는가

나의 친구여
내 맘속
슬픈 꽃비를 내려다오

그리고
그는 그렇게
내 곁을 떠났다

2015. 12. 27.

애절한 정情

아픔을 더해주는 사랑
정 때문에 괴로워하는 여인
링거줄에 대롱대롱 매달린 액체
가냘픈 생명줄에 의지하는 솔이
심장 깊숙이 뚝뚝 떨어지는
애처로운 저 숨소리

현실 앞에서
사랑과 미움이 교차되고
갈 곳 잃은
여인의 흐느끼는 소리
홍시처럼 붉은 눈시울
서럽게도 슬픔을 달랜다

마취제에 죽은 듯 잠들은 영혼
그 작은 체구를 감내하고
긴 시간 휘장 속에서 생사를 오갈 때
너를 위한 간절한 여인의 기도를
들었는가
이 작은 소망을 위한
저 울먹이는 소리를

깨어나라, 가엾은 생명이여
그 요란스러운 짖음도
애타는 기다림도
다 어디로 사라졌는가
나뭇가지에 잠시 머물다 가는 바람처럼
흔적 없이 사라지려나
아 가엾은 나의 동무

정情 때문에

금정 동물병원
은빛 휘장 속에 갇힌 솔
그 순간을 차마 볼 수 없나니
정이 뭐길래 이다지도
가슴을 얼음 조각처럼
산산이 부서지는 아픔이었나

그 외로운 길을 우리 함께
무던히도 걸었지
낙엽 쌓인 그 길을 어린애처럼
깡충깡충 뛰며
그저 주인만 쳐다보고
또 쳐다보고
마치 충성을 맹세한 신하처럼
요리조리 흔들어대던 꼬리

나의 어여쁜 솔
10년의 세월이 후딱 지나가도록
그 순간들 정말 잊을 수 없어라
서로 마주 보고 포옹하고
마냥 즐거웠던 지난날들이
옛 추억처럼 눈물나네

정情 때문에,
그 정 때문에
행복했는데
넌 내 모습 위에서
서럽게도 가랑비가 내리는가

생명의 빛

생사의 갈림길에서
샛별 같은 눈동자를 반짝이며
살며시 안겨드는 솔이
차마 버리지 못할
그 정 때문에
이 생명 다하도록 너를 사랑하리

햇볕이 스며든 저 언덕에서
이제 영원히 잠들어라
거짓은 사라지고
오직 진실만 살아 있는 우주에서
아름다운 영혼 위에
찬란한 빛이 되어라

2016. 11. 19.

정 주지 않으리

정 때문에
영혼은 갈기갈기
찢어지는 아픔이었다
정이 뭐길래
사랑보다 무서운 것
그 고통은 쓰라린 아픔을 동반하고
미운 정 고운 정 다 쏟으며
살아온 세월
햇볕 쏟아지는 고목 송
가슴에 껴안고
울먹이는 이 마음
그 정 때문에
몸부림치고 아파하는 가련한 영혼
아아, 두 번 다시
정 주지 않으리
너를 향한 사랑을

2015. 12. 24.

다정했던 시간들

솔아
우린 무척 여행을 많이 다녔지
청송 주왕산과 주산지를 가슴에 담고
청도 모과나무 아래서
떨어진 모과잎을 모아 사진을 찍었지
밀양 능금 밭을 지나 굽이치는
밀양댐을 여행하고
가덕도를 돌아 신항만을 바라보며
찬란한 꿈을 키웠지

그 먼 거리를 우린 신나게 달렸지
때론 밤하늘에 별을 헤아리며
저 별은 솔의 눈빛처럼 영롱한
별을 따라 여행을 떠났지
봄, 여름, 가을 그리고 겨울을 마다치 않고
엘란트라에 몸을 싣고
석양빛 노을에 물든 하늘을 달렸지

여행은 아직 끝나지 않았는데
찬란한 꿈이 있는 저곳으로
우리들의 꿈을 찾아 다시 여행을 떠나자
이 바보야

그냥 주저앉으면 어떡해
다정했던 그 많은 시간들
아아— 날 울리고 떠나간
슬픈 운명이여

2015. 12. 26.

바람결에 실려 보낸 편지

스산한 바람이 불어오면 이슬 맺힌 풀잎에
가까이 더 가까이 다가섭니다
샛별처럼 반짝이는 이슬방울이 내 심장 깊은 곳으로
뚝뚝 떨어져 슬픈 상처가 될지라도 난,
조금도 개의치 않고 그대의 눈물을 담으렵니다

하지만 그대여
맑고 아름다운 우리 사랑을 아시나요
아직도 식지 않은 연민의 정情을
그 정이 비록 가슴 아픈 상처일지라도
그 순간만큼은 행복했어요

그대가 심어주고 간 이 작은 사랑을
영혼 속에 뿌리내려
향기로운 난꽃을 피우렵니다
그리고 사랑의 의미를 바람결에 실려 보냅니다

2015. 12. 15.

그 정 때문에

나의 품속에 안겨
멍멍 짖던 정情 주고 살아온 솔이
그 세월이 꿈만 같아
안 보면 또 보고 싶어
꼭 껴안고 덩실덩실 춤을 추었던
너와의 아름다운 시간들
이젠, 떠날 그 순간을 바라보는
애처로운 이내 심정

스산한 바람 창살을 뒤흔들고
햇볕은 너의 머리 위로
살포시 내려앉는구나
서러운 마음 그 정 때문에
슬픔이 앞을 가려
왜 이리 떨고 있는가
가엾은 생명이여
이승에서 못다 한 꿈
먼 훗날 다시 만나면
우리 얼싸안고 춤이나 추자꾸나
그 정 때문에

2015. 12. 20.

진정한 사랑

진정한 사랑은 고통의 연속
그래도 사랑하리라 믿었지
그대 떠난 그 자리에
그리움이 햇살처럼 피어나고
새벽이슬처럼 맺힌 눈물
가슴을 적시는데
두 번 다시 사랑하지 않으리라 하면서도
사랑의 노예가 되었던
아픔을 가슴에 품었지
그대여 울지 마라
그대가 울면 내 마음은
행주로 쥐어짜는 아픔과 고통이
따르는 것을
그것이 진정 사랑인가요

2015. 12. 28.

참 아름다워라

햇살은 그대 머리 위에서
사랑을 속삭이고
십자가에 달린 주님의 은혜로움
그대 영혼을 일깨운다

봄날에 피고 지는
향기로운 꽃
그 속에 흐르는 찬양
대지를 적신다

영롱한 그대 눈빛
별처럼 반짝이고
그대 사랑한 어메이징 그레이스
참 아름다워라

행복

해 질 무렵
그대와 초록 숲길을 걷는다
이 길은 언제나 반복되는
오솔길인데도 마치
길고도 먼 사막에서
신기루를 만난 것처럼
황홀감에 젖는다

오늘따라 상처투성이 나뭇가지에
희귀조 한 마리
끼리릭 끼리릭
가슴에 파고드는 맑은 새소리
초록 잎사귀를 흔든다

노랫소리에 반짝이는
그대의 눈빛
행복이 저만치서 속삭이는 소리
그 고운 심성
꽃처럼 아름답다

* 2016. 10. 30. 『한국시인대표작』 1 게재 작품.

헤어지는 아픔

그는 떠났다 저 먼 곳으로
12월 27일 새벽 5시
식탁에 몸을 의지하고
길게 몰아쉰 호흡 멈춰버린 순간
그 가냘픈 숨결은 들을 수 없었다
아아 사랑하는 나의 친구
얼마나 그 고통이 컸는가

주여!
이 불쌍한 생명을 거두어 가셨나이까
고통 없는 주님의 세계로 간 줄을 믿나이다
솔아 고통 없는 저 세상에서 행복하여라
주님의 은혜 가운데
사랑을 꽃피우게 하소서
마음껏 뛰어놀며
허무한 세상 다시는 오지 않도록
주여 붙들어 주소서

이별은 슬픈 것
그를 떠나보내는 이 아픔
그 누가 달래리오

2015. 12. 27. 새벽 5시

겨울비

부슬부슬 내리는
겨울비
사랑하는 사람은 지금
어디에서
단꿈을 꾸고 있는가

아— 임은
역겹도록 미운 사랑
하이얀 목련꽃 필 때면
오신다던 그 언약
겨울비에 떨어지누나

나는 누구인가

깊어가는 겨울밤
가만히 귀를 기울이고
사색에 젖는다
나는 누구인가
어디에서 왔으며, 어디로 가는 것인가
사로잡힌 영혼이여

낙엽이 뚝뚝 떨어지는
떡갈나무 아래를 걷는다
낙엽이 발밑에서 아작아작 밟혀도
그 이듬해 잉태를 위한
터지는 울음소리
하지만 영혼의 울음소리 들리지 않는다

나는 누구인가
그저 태어났다 어느 한순간
빗물에 젖어 잿더미처럼 사그라지는
슬픈 존재
나는 그 길모퉁이에 서서
말없이 돌아서는 허무한 인생
갈 길 멀어 눈물이 나네

솔에게

그대에게 보내는 내 마음의 노래는 끝없는
사랑입니다
영혼까지도 사로잡히고 맙니다
풀벌레 소리도 잠이 든 고요한 밤입니다
붓을 잡고 그려지는 종이 위에서 "사르르" 하고
소야곡처럼 들려옵니다
그대 생각에 어제도 그랬고, 오늘도 그렇습니다

공원길을 걸어도, 바닷가를 걸어도, 들길을 걸어도
그대 생각에 사로잡힌 영혼
환상에 겨운 그리움이 파도처럼 밀려옵니다
내 맘속의 그대 이름은 달님입니다
저 어여쁜 달님이 사무치도록 그립습니다

그대는 가슴속에서 한 떨기 국화처럼 피어납니다
달님처럼 노란 국화꽃이 곱게 피어오릅니다
나도 모르게 눈물이 글썽입니다
긴긴 겨울밤이 까맣게 타들어갑니다

그렇게도 사랑했던 임인데
그렇게도 가슴에 품고 싶었던 임인데
하지만, 불러도 대답 없는 이름입니다

그대 이름을 부르다 그만 잠이 들었으면 합니다
이 한밤이 새고 나면 다 떠나갈 그리움인데
나는 그리움 앞에서 흐느끼는 가엾은
나그네입니다
나그넷길은 무척 쓸쓸합니다
외롭고 고통스럽습니다
운명이란 것이 세월 앞에 맥없이 추락하고
마는 것을 알면서도 그 길을 걸어가야만 하는
우리네 인생 참으로 가련하기 짝이 없습니다

그대여!
생명은 한 번 태어났다 숨결이 멈추면
모든 게 끝이 납니다
잉태의 기쁨은 한순간, 어느 날 갑자기 훌쩍
떠나버리는 것이 운명입니다
그대여 서러워 마라
그렇게도 사랑스러웠던 임의 애교
지금도 눈에 선한데
살아 있으매 귀엽고, 아름다울 뿐입니다
그대 잠든 고목 송松 아래 그대 숨결이
들려오는 것 같아 그저 눈물이 납니다
언젠가는 우리네 인생도 세월 앞에서 서서히

꺼져가는 등잔불과도 같으며
장작불처럼 타오르다 한순간 잿더미처럼
사그라지는 슬픈 운명입니다

그대여! 그대 있어 행복했답니다
그 곱고 맑은 음성, 맑은 눈동자는
내 영혼의 전부였습니다
그대 살아 있으매 늘 행복했습니다
그대와 함께 불렀던 사랑의 노래 귓전을
스칠 때마다 기쁨은 배가되어
형용할 수 없이 즐거웠습니다
우리의 꿈은 영원한 길동무가 되리라 믿었는데
그 짧은 운명체는 가슴을 후려치는 고통 속에서
설움에 겹도록 마음을 아프게 하는가요

그대는 목화송이처럼 부드러운 심성으로 안겨들어
꾀꼬리 같은 고운 목소리로 내 마음을 사로잡았고
유리알처럼 맑은 눈동자로 반짝반짝 웃음 지으며
끝없는 행복의 나래로 꽃을 피운 임인데
그것이 진정한 사랑이라면 망설임 없이 또다시
붓을 들겠습니다
행복은 그대 생각에 사로잡힌 영혼임을

비로소 깨달았습니다

한 번 왔다 가는 인생 그래도
임과 함께했던 지난 세월이 진정 행복했으며
아낌없이 주려 했던 우리 사랑 정말 행복했습니다
이 행복을 사는 날 동안 간직하렵니다
내 운명 숨결이 머무는 그 순간까지 오래도록
그대 사랑을 간직하렵니다
비록 떠난 임이지만, 임을 사랑합니다
영혼까지도 사랑합니다
안녕! 솔아

2016. 12. 12. 00:10

가슴에 새긴 사랑

가슴으로 사랑한 그를
보내는 날 하늘이 무너져라
뇌성이 쳤지

100년 묵은 고목 아래
그의 영혼 고이 잠들어 있다
그처럼 애무했던 노목 위에
바람이 머문다

하얀 접시에 담긴
닭고기, 황태포, 삶은 고구마
그리고 우유 한 잔
들고양이들도 조용히 애도하네

슬픈 마음 진정하고
그를 향한 1주기 추모의 날
나는 "눈물 꽃" 시를 읊는다

서풍은 글썽이는 아내 눈물을
훔치고 달아난다
내 마음은 쓸쓸히 돌아서서
못 잊어 울음 운다

2016. 12. 27. 오후 3:30

매화꽃

가냘픈 속살
고인 눈물
그리움 가득 안고
터지는 울음소리

가슴에 쌓인 설움
새벽이슬 머금고
속절없이
그렇게 터지려 하는가

아직도 3월은
저 멀리에서 서성이고 있는데
그대 그리움은
내 맘속에 맺힌 눈물이어라

제4부

솔아 별을 따다 주렴

십자가 사랑

주님의 사랑 가슴 가슴마다
단비처럼 흘러내리고
어린양 영혼 속에 젖어 흐르는
십자가의 사랑
풀잎에 맺힌 이슬방울처럼
사랑이 영글어 꽃이 피어나네

오 거룩한 밤
찬양과 예배가 강물처럼 흘러넘치고
오직 믿음으로 사랑을 꽃피운
향기로운 소정교회
하나님의 사랑 온 누리에 빛나고
은혜로운 말씀 십자가에 꽃이 피네

2015. 12. 24.

솔아 별을 따다 주렴

해 질 무렵 그 벤치에 앉아
서로 마주보며 웃음 짓는
영혼의 속삭임

태양은 우릴 향해
내일의 부푼 꿈을 안겨주고
저기 저 하늘에
찬란한 별을 수놓는구나

솔아 별을 따다 주렴
아님 저 별을 따라
여행을 떠나랴

산을 넘고 물을 건너
거친 저 들판을 지나
별빛을 따라
길을 나서려무나

가엾은 생명이여
너 대신 싱싱 불어오는 바람
옷깃을 여미누나
잊을 수 없는 너의 눈동자
솔아 별을 따다 주렴

아침 이슬 맞으며

소리 없이 내리는
아침 이슬
우리 신나게 달리자
그 오솔길을

천둥 번개 치고
비바람 태풍 몰아쳐도
못 들은 체
그 길로 곧장 달려가려무나

사랑이 영그는 길이라면
어디든 좋아라
방방 뛰며 사랑을 속삭이자

그래도 아침 이슬 맞으며
걷는 이 길이 난 좋아
행복해서 눈물 나네

영혼의 부르짖음

까아만 눈동자
그 속엔
이슬방울을 담고 있는
애완견 솔이
눈빛으로 말하고
쫑긋한 두 귀로 듣고
몸짓으로 사랑을 속삭이는
그 모습이 어언 십일 년
얼마나 세월을 사랑했던가
비탈진 오솔길 위에서
가을 낙엽을 그리워하고
비바람 속에 영혼을 불태웠지

낙동강 변을 달리고
온천천을 달릴 때
햇살은 네 어깨 위에서
사랑의 꽃을 피웠지
그 긴 시간들
한순간 황혼녘에 머물다
서산으로 풍덩 빠져드는
서글픈 이별
죽음의 문턱에서

몸부림치는 영혼의 부르짖음
아직도 우릴 사랑한다고
품속으로 안겨드는
가냘픈 영혼

2015. 12. 17.

그대 내 곁에 잠들다

사랑하는 솔이
마지막 너의 눈빛은
내 마음속에 피고 있는
그리움
11년을 하루같이
우리 가슴속에 파고든
애틋한 사랑
풀잎에 맺힌 이슬처럼
영롱한 눈동자
별처럼 빛나고
무지개처럼 피어나는
생명의 꽃이어라

사랑스런 솔이
널 향한 내 마음은
소리 없는 아우성
영혼은 어두움 속에서
울음 울고
사랑은 시들은 꽃잎처럼 떨어지는
아픈 상처
아— 가엾은 솔아
그렇게도 내 곁을

떠나야만 했는가
별아 내 가슴에
꽃비를 내려다오

2015. 12. 31.

기도

사랑이 충만하신 하나님
간절히 비옵니다
저 불쌍한 작은 영혼
신부전증으로 사경을 헤맵니다
그 크신 사랑으로
어루만져 주옵소서
말씀의 능력으로 치료하여 주시고
고쳐 주옵소서
깨어나게 하옵소서
일어나게 하옵소서
예전처럼 뛰어놀게 하여 주옵소서

가슴으로 낳은 솔
가슴으로 사랑합니다
이 가련한 영혼을
정녕, 주님이 거두어 가신다면
불쌍한 영혼의 숨결 위에
은혜로운 축복을 내려주옵소서
저의 간절한 기도를
들어주소서
아멘

2015. 12. 25. 아침 07:00

그대 잠들게 하라

아침 햇살 스며드는 백년 고목 송松
딱새들의 노랫소리 영혼을 잠들게 하다

별빛 쏟아지는 낙엽송 그늘 아래 고이 잠든
그대 그리움을 부여안고 울먹이노니

그대가 심어주고 간 사랑의 씨앗
찬 서리 내린 긴긴밤 매화꽃처럼 활짝 피었어라

그 추억에 사로잡혀 흐느끼는 영혼
그대 불사조不死鳥 되어 영원히 잠들게 하라

2016. 1. 5. 산책길에서

꿈길 따라

너 떠나던 그날
애처로이 가슴을 울렸는데
꿈길에서 넌 꼬리를 흔들고
사랑스런 눈빛을 보였지
다시는 못 볼 너였는데
꿈길 따라
사뿐히 걸어오는 너의 모습
그만 그리움에 눈물짓누나

난 어찌하라고

어쩌자고
그렇게도 중병에 걸렸는가
식음을 전폐하고
까만 똥을 쌌지
먹어야 일어나지
먹는 것은 겨우 알약 세 개
뼈만 앙상히
촛불처럼 서서히 꺼져가는
가냘픈 영혼
난 어찌하라고
쓰라린 아픔을 행주로
쥐어짜려 하는가

짝사랑

사랑해선 안 될 사람을
사랑한다 말 한마디 못하고
꿀 먹은 벙어리처럼 흐느껴 우는
가엾은 영혼

아 슬프다 나는
날개 잃어 날지 못하는 소쩍새
터지지 않는 내 노래는
허공중에 흩어지며
가슴 아프게 흐느껴 운다

그대가 비록 미친한 나를
비정한 눈초리로 쏘아붙인다 해도
난 그대를 사랑한 죄로
타다 남은 장작불처럼 재가 되리라

편지 1

까맣게 타들어 가는 밤
그대에게 편지를 띄웁니다
그리움이 물결치는 창가에 서서
그대 모습을 그려봅니다

낙엽이 우수수 떨어지는 그 오솔길
그리움에 젖어 흐느끼는 낙엽들
별처럼 반짝이는 그대 눈동자를
가슴으로 담습니다

이 밤이 지새고 나면 다 떠나갈 그리움
이것이 정녕 헛된 꿈일지라도
나는 오선지에 적은 사랑을 소중히 간직하여
바람에 실려 보내렵니다

그대여!
샛별이 창가에서 졸고 있구나
편지를 띄우는 이 기쁨과 행복
부르고 싶은 그대 이름을
역겹다 해도
이 순간 행복해서 눈물이 납니다

2016. 12. 7. 01:30

편지 2

별이 졸고 있는 겨울밤
그대에게 내 마음의 노래를 띄웁니다
이른 아침 동그란 그 벤치에서
하나 둘 떨어진 낙엽을 쓸어 담았습니다
그대와 뛰어놀던 그 자리에 우수수 떨어지는 낙엽들
그대 가슴에 사뿐히 놓인 빨간 낙엽 하나
마냥 낙엽을 비비며 좋아했던 그대 모습 그리며
끝없이 사랑의 노래 불렀습니다

그 추억에 눈물짓는 영혼의 울림
난 그만 눈물이 나서 울고 말았습니다

그대여!
우리 사랑 사탕처럼 녹아내리고
그리움은 가슴속에서 별이 되어
행복해서 눈물이 납니다

목이 쉬도록 불러보아도 간 곳이 없는 그 이름
사랑한 것이 죄이라 이다지도 가슴 아픈가요
미운 정, 고운 정 다 쏟아부은 그 추억에
몸부림치며 울먹이는 가엾은 영혼

아아, 아직도 졸고 있는 나의 별
이 밤이 새고 나면 떠나갈 그리움

그 겨울에 떠난 임이여
그대 생각에 잠 못 이루는 밤
겨울바람은 소리 없이 영혼을 휘감고
저 멀리 달아나는구나
차라리 꿈이라면 깨어나지를 말았으면

2016. 12.

그대 곁에 잠들게 하라

빨간 꽃
노랑 꽃
하이얀 꽃
병산 천에 흐드러지게 피는 꽃

장미 한 송이 따다
그대에게 바치려 하오나
임은 간 곳이 없네

그 찬란한 미소
무덤처럼 서서히 변해버린
서글픈 생명

못 잊어 가슴 위에 피는 꽃
가냘픈 영혼
그대 곁에 잠들게 하라

* 2017년 『한국시인 사랑시』 게재 작품.

목련꽃 필 때면

목련꽃 필 때면 옛 생각이 절로 난다
울 엄마 다정한 미소를 볼 수 있고
엄마가 불러주는 자장가
별을 헤다 꿈길을 걸었지

춘풍에 꽃잎을 적시는 저 목련화
그 속에 옷깃을 여미는
엄마의 애틋한 사랑이 꽃피고
푸르른 저 들판에 무지갯빛
오색구름을 꽃피운다

해마다 피는 저 목련꽃을
내 가슴에 심어놓고 사랑의 노래 부르면
울 엄마는 금방 달려올 것만 같은
애잔한 추억 사로잡힌 영혼이어라

*2016. 4. 23. 양산통도사 서운암 전국문학인 꽃 축제 시화전(목련 꽃 필 때면) 발표 작품.

초승달

창가에 머문
저 달은
임을 향한 그리움
그리고
내 마음을 울리고 떠난
서러운 그대
아, 마르지 않는 강이어라

그대는 밤마다
그리움에 사무쳐
아픔을 노래하는 꽃잎처럼
아직도 못다 피운 목련화
그리움은 창가에 머물다
소리 없이 떠나가는
하얀 초승달

2016. 1. 7. 새벽 초승달 그리고 별

환상

햇살 돋는
저 언덕
신기루처럼
나타났다 사라지는
너의 모습
보이는 것은
아침 햇살
들려오는 것은
바람 소리뿐
그 속으로
점점 빠져드는 것은
이 작은
영혼의 울림

2016. 1. 20. 아침

꽃과 사람

꽃은
피어날 때 아름답다
하지만
시들어 떨어지는 꽃잎을 보노라면
가슴이 아프다
그러나 빗물에 떨어지는 꽃잎은
더욱 아픈 가슴을 적신다

사람은
태어날 때 아름답다
하지만
늙고, 병든 자신을 바라보면
서러워서 눈물 난다
그러나 침묵 속에 창백한 사람은
더욱 설움에 북받친다

제5부

별

그리움

별이 쏟아지는 밤
그리움은 별빛처럼
창살에 부딪혀 떨어지누나

하얗게 익어가는 그리움
내 마음 별이 되어
낙엽처럼 우수수 떨어지는 소리

2016. 12. 2.

별

그대
내 가슴에 머무는 동안
별이 되어
그대 잠든 창가에서
그리움 되리라

들국화 사랑

그대 그리움은
내 마음속에 핀 들국화
긴긴 겨울밤
잠 못 이루고
사랑을 영글어 이제야
그대 앞에 섰나니

외로움은 아침 이슬처럼
대롱대롱 매달려 터지는 울음소리
임은 저 멀리
날 부르는 소리
가슴속에 핀 들국화
몰래 훔치고 달아나는 겨울바람

2016. 12. 3.

가슴에 맺힌 그리움

애처로이 바라보던 너의 모습
그렇게도 내 품에 안겨들었던 너를
가슴으로 끌어안고 목이 메었던
어여쁜 친구

아빠는 아직도 너를 사랑한단다
기린의 목처럼 길게 뻗어
목청껏 소리 높여 불렀던 내 노래는
허공중에 맴돌고
애꿎은 바람만 윙윙 가슴을 적시누나

너의 모습은 가슴에 맺힌 그리움
흐르는 눈물 감출 수 없어
속으로, 속으로 서럽게 울어대는
슬픈 인생

이 애달픈 심정
문설주를 잡고 달래노니
구성지게 내리는 여름 밤비
침실 유리창에 매달려
흐느껴 우는구나

가슴 위에 피는 꽃

장미처럼 타오르는 임의 모습
가슴 위에 모닥불을 피워서
이 밤이 새도록 태우고 싶은 임이여!

창가에 머물다 졸고 있는 샛별
그리움은 낙엽처럼 가슴에 쌓이고
두 볼에 맺힌 눈물 정녕 그대 눈물인가요

피워도, 피워도 피울 수 없는 임을
까치밥 씨앗처럼 가슴에 심어놓고
태양처럼 찬란히 피우고 싶은 것을

동트는 아침

동트는 아침
따사한 햇볕은 그대가 사랑한
마른 풀포기를 감싸고
포근히 낙엽을 품는다

사랑한 모든 생명의 그림자
살며시 거닐었던 오솔길
그 길 위에 살포시 깔린 추억들
그리움이 물결친다

우리 언제 또다시
태양처럼 대지 위를 따습게
사랑을 나누며
햇볕이 될 수 있을까

2016. 2. 8. 동트는 아침

먼지보다 못한 인생

살아 있는 모든 생명들
어느 한순간 그렇게 죽어간다
하지만 살아 있으매
아름다움이여

별빛이 쏟아지는 밤
나무토막처럼 굳어진
한 생명
차마 지켜보기 힘든 순간

미세한 먼지는
바람 불 때마다
갈 곳을 찾아 휘날리는데
우리네 사랑은 갈 곳 잃은 슬픈 존재
언젠가
떠나야 할 아픔
아, 한갓 먼지보다 못한 인생

2015. 12. 27.

사랑이 영글어 갈 때면

우리 가슴속에 사랑이 영글어 갈 때면
나는 끝없이 사랑을 노래하리라
종달이 울어대는 봄날
진달래꽃 아름아름 따다
그대 창가에 뿌리오리다

햇살처럼 따사한 그대 입술에
살며시 키스하리라
그대 있어 이룬 꿈을
마냥 행복하여라

창밖엔 눈이 내린다
그대가 만약 눈처럼 햇볕을 안고
녹아내리는 아픔이 될지라도
창공을 훨훨 나는
한 마리 새가 되리라

살구꽃 필 때

살구꽃 피는 저 언덕
너와 나란히 앉아 옛 생각에 젖었지
붉게 타들어 가는 살구꽃
햇살은 동그란 너의 눈동자 속에서
사랑을 영글었지
우리 사랑은 강물처럼 넘쳐나고
무지개처럼 피어올랐지
그렇게도 사무쳤던 너와 나의 사랑
살구꽃처럼 피고 지는 그 순간들
매년 가슴에 담아 꽃피우려 했는데
우리 사랑은 바람처럼 날아간
얄미운 사랑

새해 아침

새해 아침이 밝았다
병신년 잔나비를 여는 찬란한
태양은 솟아오르니
희망의 꽃을 피운다

햇살 돋는 그 오솔길
사랑을 꽃피운 나의 친구는
이젠 간곳없으나
햇살은 마른 풀포기를
살포시 감싼다

그리고
그대 그림자를 밟는
이 순간 나는
만감이 교차하여
뜨겁게 가슴이 데워진다

나는 그대 사랑스런 미소에 젖어
가슴을 활짝 열고
힘차게 이 길을 걸어야지
하면서도 걸음이 멈춰지는 것은
그대 그리움이리라

따스한 햇살처럼 안겨드는 그리움
그대 생각에
내 영혼
추억 속에 잠긴다

물안개

허공 속에 핀 물안개
사랑했기에
하이얀 꽃으로 피었네

양지바른 언덕에 누워
얼싸안고 소곤소곤
사랑을 속삭였던 그 추억들

하지만, 인연은 그것뿐
화살처럼 빠른 세월 앞에
굴복하고 마는 서글픈 운명

그대 그리움은 방 안 가득
구미狗美로 넘치고
그토록 사랑했던 길동무
못 잊어 가슴 위에 피는 꽃

잊어야지 하면서도
지우지 못하는 것은 애틋한 사랑
물안개처럼 피었다 사라지는
그대 이름인 것을

울지 않는 겨울새

가슴에 쌓인 눈물 씻지 못해
겨울새는 울지 않으리
그대와 속삭였던 아름다운 추억들
그 오솔길에 묻어두고
나는 하이얀 노을이 되어 잠드누나

밤하늘 별빛은 소리 없는 이슬 같고
청운의 꿈은 한갓 동심의 나라로
바람 불어 가슴 조이는 풀잎 사랑처럼
내 마음 갈 곳 잃어
울지 않는 겨울새

2016. 1. 9.

임은 가고 봄은 오는데

임은 가고 봄이 오는
그 길목
하얀 매화꽃 피어라
행여 임 오실까 봐
기다린 마음
남풍은 옷깃을 스쳐 가고
그리움은 내 맘속
한갓 바람이어라

잠 못 이루는 밤

그리워 그리워서 잠 못 이루는 밤
눈을 감으면 그대 생각에 눈물이 나누나
별빛 쏟아지는 창살에 영혼을 걸어두고
별 하나, 별 둘, 별 셋 그대 환상에 젖는데
금방이라도 달려와 안겨들 것만 같은
아— 가엾은 나의 친구여

그리워 그리워서 몸부림치는 이 밤
그대는 별처럼 아름다운 영혼의 속삭임
못 잊어 눈물짓는 서러운 밤
먹물처럼 까만 고요의 밤, 그대여!
이 밤이 새기 전에 멍멍 소리 내어 짖어다오
아, 내 가슴을 적시는 쓸쓸한 밤이여

그리워 그리워서 잠 못 이루는 밤
영롱한 그 눈빛 영혼 속에 잠들고
사랑보다 무서운 정情, 그 정이 뭐길래
이다지도 날 울리고 떠나가는 긴 밤이여
이 밤이 새고 나면 다 떠나갈 그리움
그대 그리워 그리워서 눈물이 나누나

2016. 1. 9. 자정

허무한 마음

붙잡으려 해도 잡히지 않는 것은
가슴에 핀 눈물 꽃
소리 없이 두 볼을 적신다

그렇게 갈 바엔 정 주지 말지
미어지는 내 가슴에
서러움이 물결친다

옛 추억에 사로잡힌 꿈길 속
잡힐 듯 말 듯 그리움만 더해가는
허무한 마음

2016. 2. 6.

그리움의 상처

얼마나 그리웠길래
저렇게도 선명한 눈동자일까
그 속에는
파아란 하늘을 담고
푸르른 바다를 담고 있다
그리고 황토색 오솔길을 담고 있다

바라보면 볼수록 그리움은
아픈 상처를 남기고
이룰 수 없는 옛 추억에
눈물짓누나

추억을 열지 말아야지 하면서도
컴퓨터 자판기는
그리움이 넘치는 너의 모습을
찾아내는 것을,
너의 두 눈동자 속에
담겨 있는 것은 그리움의 상처

잔인한 사월 1
— 풀꽃

그처럼 사랑했던 임인데
장작불처럼 태워도 사그라지지 않는 임인데
그렇게도 가슴에 묻어두고픈 임인데
사랑했던 임은 순식간에 떨어져 나갔다
사월의 언저리에서 서럽게도 사라져간
그대 영혼이 무자비하게 뭉개지고 말았다
그리움 하나 남김없이 앗아간 세월 앞에
꿈은 산산조각이 났구나

어느 날,
소용돌이 물결 속으로 빨려간 어설픈 영혼
모질게도 억센 사월아
청춘을 짓밟고 달아나지 말라
사랑도 미움도 다 빼앗긴 들녘에서
나의 봄은 순식간에 사라졌다
미치도록 가슴에 묻어두고픈 임인데
정염에 타는 불꽃 꺼지지 않으리라 믿었는데
아, 잃어버린 영혼
흐느껴 우는 인생이여

미운 오리 새끼처럼 가슴 위에 피는
얄미운 사랑
풀잎에 맺힌 이슬방울 같은 공허한 마음
날은 저물고 시인의 노래는
가슴 아프게 흐느껴 우노라
모두 다 부질없이 가버린 시간들
이 작은 풀잎 하나
사랑마저 빼앗아 달아나는
사월의 아픔이여

잔인한 사월 2

— 목련꽃

그댈 사랑했노라
이 가슴에 묻어두고 죽도록 사랑했노라
햇살처럼 따사했던 그대
그렇게도 사랑했던 임인데
그렇게도 사모했던 임인데
내 맘속에 초승달만 외로이
졸고 있구나

지난밤 몰아친 폭풍우에 문드러진 목련화
땅 위에서 흐느끼는 갈색 꽃잎들
아, 사랑하는 임아
심중의 설움이 오장육부를 뒤흔드누나
아직도 가슴 위에
추적추적 비를 뿌리는데

임아
이젠 사랑도 미움도 다 사라진
저 언덕에서 목메어 불러보는
내 목소리마저
송두리째 빼앗아 달아나는
잔인한 사월이여

잔인한 사월 3
— 들꽃

인간의 발밑에서 무자비하게 짓눌려도
멈추지 않는 숨결
폭풍우가 짓밟고 달아난다 해도
꺾이지 않고 다시 일어서는 강인한 정신
좌절, 원망, 아픔을 세월 속에 던져버리고
끈질기게 견뎌온 생명의 숨결

하지만, 내 사랑 그대여
호수 같은 이 마음을 아시나요
무지개처럼 영롱한 꿈을 안고
밤새워 기다린 모정을 아시나요
가슴을 적시는 저 찬란한 달빛
바람아, 사랑을 노래하는 향기는
그냥 놔두세요

아, 저 넓은 들녘에 핀
한 떨기 가냘픈 생명
식을 줄 모르고 꽃피우는 사랑
마음속 깊은 곳에 피어 있는
이 아름다운 들꽃을
제발, 꺾으려 하나요

2016. 4.

제6부

소중한 것을 잃었을 때

소중한 것을 잃었을 때

붉게 물든 진달래꽃
화사한 목련꽃, 노랑 개나리꽃
지천에 깔려 있는 풀꽃들
모두가 다 봄을 안고 탄생한
다정한 목소리

그렇게도 소중한 꽃
예쁜 숨결들인데
하지만, 나의 사랑이여
그토록 믿고, 의지한 모든 것을
사월의 언저리에서 송두리째
빼앗겨버리다니

아, 소중한 것을 잃었노라
나는 날개 잃어 퍼덕이는
한 마리 새처럼 슬퍼하노라
그것은 슬픈 이별
탄식은 고통을 되새김질하고
아픔은 가슴속에 고인 빗물
영혼은 봄바람에 흐느끼누나

2016. 4.

아름다운 만남

한적한 길모퉁이
생명의 거친 숨결이 들려왔다
동그란 눈동자를 뜨고
우릴 빤히 쳐다보고 있는
저 가련한 생명

나는 그를 덥석 안았다
그리고 그와 끝없는 사랑을 속삭였지
대지의 풀잎도 우릴 축복했지
밤하늘 별님도 좋아라 춤을 추었지

봄을 노래하는 개나리꽃
찬 서리 맞고 피는 들국화
사계절에 피는 모든 꽃들도
우릴 축복했었지

너와의 동행은 정말 아름다웠어
고당봉 넘어 청송 주산지까지
멀고도 긴 여정을 함께하면서
숱한 추억도 만들었지

이젠 너를 향한 그리움에 눈물짓고
사랑이 이슬처럼 녹아내리는 아침
내 맘속에 젖어 흐르는 두 글자
아름다운 만남이 눈물로 얼룩지네

폭풍이 몰아칠 때

그의 몸짓은 서서히
피해망상을 허용치 않는
정직한 놈의 일상이다

샛별처럼 가슴에 젖어 흐르는 밤
고운 임의 가슴속을 헤집고 더듬거리는
그의 야릇한 몸짓
가볍게 입술을 문지르고
지그시 눈을 감고
촉각을 세우는 거친 숨결
부드러운 젖무덤을 향해 슬금슬금
가슴팍에 사랑을 속삭인다

그의 사랑은 외로운 길
스스로 해결하려드는 습성이
그를 애달프게 묶어두고
무언의 사랑을 무지개처럼 피우려
손끝에서 발끝까지 힘을 모아
자율신경계에 전율되어지는 그만의 사랑
화산처럼 터지는 폭발음

가냘픈 비명, 솟구치는 분수
문지르고, 빨고 그러다가
폭풍우가 휘몰아치고 간 저 들판의 풀잎처럼
바람아 그를 잠들게 하라

새 떼들 노랫소리 적막 속으로
빠져들 때면, 꿈속을 헤매며
그는 그렇게 사랑을 속삭였지
오직 자신을 사랑하며
마냥 숫총각을 고집했던 얄미운 사랑
그만을 사랑한 몸짓
그는 그렇게 사랑을 구걸하다
사라진 어여쁜 내 사랑

별을 따러 가다

솔아 별을 따러 가려무나
산을 넘고 물을 건너
저 먼 곳으로 우리
별을 따러 가자꾸나
그곳이 어디든
상관 말고 발길 닿는 대로

낙동강 칠백 리 길을 따라
천 리 길도 한달음으로
달려간 그곳 청송 주왕산
그리고 주산지
호숫가 동동 떠도는 낙엽
그 잎을 따다 안겨 주었지

그 먼 길을 엘란트라에 별을 실어와
잠자는 너의 창가에 걸어두고
우린 한없이 속삭였지
너와 내가 사랑한 그 별을
가슴속에 사무친 그 별을
희망의 꽃이라고

그 별은 빛 잃은 작은 별
낙수되어 떨어지고
가슴에 사무친 너의 별
창가에 졸고 있네

*2016년 명작선 『한국을 빛낸 문인』 게재 작품.

날 울리고 떠난 솔이

나의 소망, 희망인 솔이
바람이 불면 날아갈까 봐
가슴 두근거리고
행여나 숨이 멈출까 봐
조마한 마음
넌, 삶의 희망이 넘치는
사랑의 꽃이어라

따스한 햇볕 스며든 저 언덕
영혼은 가슴 위에 잠들고
초록빛 새싹 하나 틔우고
노오란 개나리꽃 피워
날 부르는 소리

글썽이는 이 눈물은
해맑은 너의 눈동자처럼
사랑을 담아 아침 햇살처럼
찾아오는 연민의 정
나는 그만 갈 길을 잃고
망부석이 되누나

이젠 희망도 꿈도
물안개처럼 피었다 사라지려는가
난, 그 귀퉁이에 서서
흐느끼는 영혼의 아우성
봄은 저만치서 성큼 찾아와
날 울리는 솔이

2016. 3. 20.

여름밤 빗물

여름밤 빗물
서러워서 어찌 감당하리
너를 향한 이 슬픔 다 담을 수 없는
깨어진 항아리
적막 속에서 아우성친다

억수같이 쏟아지는 저 빗물
그 누가 담으리
이별은 그리움 속에
피어오르는 안개꽃

여름밤의 빗물
수많은 별들의 눈물
속절없이 타는 가슴
아픈 상처가 되어 흐르는 눈물

아아, 눈물이여!
차라리 얼음이 되어 가슴속에
녹아내리는
아픔을 다오

2016. 6.

고드름

작은 연못 바위 틈새
졸졸 흘러내리는 물줄기
짙어가는 겨울밤 사이
얼어붙은 고드름

고드름 속에 반영된
그대의 작은 미소
우린 끝없는 사랑을 약속했지

그 겨울은 아직도
우리 곁에 머물고 있는데
새끼손가락 걸며 굳은 약속
밤사이 사라지고
녹아내린 고드름

똑똑 떨어지는 물줄기
몰려든 붕어 떼들 그대 모습 그리워
고드름, 고드름 노랠 부르며
떠날 줄을 모르네

일어나라 어여쁜 생명이여

일어날 듯 말 듯
주저앉는 꽃이여
멍멍 한 번이라도 짖어나 다오
너의 까아만 눈동자를 바라보면
타는 애간장
정 주고 이별 주고
그 정에 눈물짓고
내 가슴은 터질 듯
그만 쏟아지는 눈물이여
일어나라 어여쁜
나의 동무

그 겨울에 떠난 솔

찬 바람 싱싱 불어오는
그 겨울에 떠난 솔
그리움은 나뭇가지 끝에
졸고 있는데

이 밤도 쓸쓸히
창살에 부서지는 별빛들
널 향한 내 마음
찬 서리만 내리네

이별은 가슴 아픈 것

이별은 가슴 아픈 것
바람처럼 잡을 수 없고
강물처럼 막을 수도 없고
언젠가 그 길을
걸어가야 할 운명

이별은 얼음조각처럼
예리한 칼날 같고
가시밭길처럼 험난한 길
우린 그 길을 걷고 있다

심중의 설움 삭이고
사랑한 모든 생명들
어느 한순간 낙엽처럼 떨어지는
슬픈 운명
세월은 소리 없이
바람과 구름을 동반하여
영혼을 송두리째 빼앗아 버리는
그것이 진정 이별이란 말인가

찬란했던 우리의 꿈은
다 어디로 갔으며

시들은 꽃잎처럼 허무한 마음
그곳이 모두가 다 멈춰진
이별의 종착역
언제 또다시 사랑을 노래하리
아, 이별은 가슴 아픈 것

집착

안 보면 보고 싶고
꿈길에서도 안겨드는 솔이
세상이 쪼개질 듯 짖어대도
싫지 않는 너
손녀같이 재롱을 부리다
깡충깡충 뛰어노는 너의 모습
이제, 그 순간들이 먼 옛날
근육질로 다져진 통통한 엉덩이
초롱초롱한 눈매
그 어디에서 찾아볼 수 있을까
불쌍한 동무야
너를 향한 아픔이 가슴속에서
폭풍우가 몰아치는데
넌 그렇게도 웅크리고 졸고 있는가
가엾은 나의 동무

2015. 12. 17.

소중한 존재

그는
나에게
사랑의 등불이었지

이 세상 모든 것과 바꿀 수 없는
사랑의 대상이었지

하지만,
그를 잃고 난 후부터
비로소 깨달았지

이 세상 살아 있는
모든 생명의 숨결을
사랑한다는 것을

그는 그렇게 갔다

쥐띠 해 그해 가을
내 성을 따서 장
소나무 이름을 따서 솔
그렇게 이름 지어준 장솔*
그 이름을
금정구청에 등록했다

그는 이름처럼 영리하고
예민하고, 튼튼하게 잘 자라서
희망의 꽃을 피우고
사랑을 독차지했다

그는 우릴 향해
사랑스런 눈빛을 주었지
달처럼 은은한 미소와
별처럼 반짝이는 영혼의
눈길을 주었지

늘 푸른 솔처럼
우리 곁에 머물기를 원했는데
어느 날

재선충에 감염된 소나무처럼
그는 그렇게 갔다

지난 양띠 해 새벽
겨울바람은 창살을 뒤흔들고
새벽이슬 촉촉이 내리는데
그는 우릴 향해 마지막
눈빛을 주었지
형광 불빛은 서럽게도
내 가슴에 찬비가 내리고
못다 한 솔이 사랑
가슴속에 다 담지 못하고
그는 그렇게 갔다

우릴 사랑한 소나무는
아직도 널 기다리고 있는데
우린 달빛 젖은 오솔길에서
이별의 슬픔을 안고
영혼을 달래누나

잘 가라 나의 친구여!
널 소나무에 고이 묻어둔 내 마음

하늘나라에서 고통 없이
영원히 편히 쉬어라
아 이별의 아픔은
마르지 않는 눈물

* 장솔 : 2009. 9. 28. 장솔(등록번호:410100013227080)
금정구청 등록. 2015. 12. 27. 새벽 4시 30분 그는 떠났다.

보신탕補身湯

그를 입양하기 전에는
칡뿌리를 질금질금 씹는 것처럼
즐겨 먹었다

그를 사랑하고부터는
보신탕과의 인연을 끊었다

그를 사랑하기에

그 추억에 눈물짓다

솔아, 너는 비록 동물에 지나지 않았으나
작은 체구로 눈짓으로, 몸짓으로
하물며 발짓으로 영혼의 속삭임으로 다가섰지
그 순간은 정말 잊지 못해

하얀 매화꽃 봉오리 임 그리워
봄을 부르는데
어찌 나의 꽃은 필 줄을 모르는가

솔아, 스산한 겨울바람
너무도 추웠지
숲속 길 까치 떼들 노랫소리
솔가지를 흔들고
우리 함께 내달리던 그 기상은 하늘을 찔렀지

세상을 향한 희망 찬 부푼 꿈들
믿음과 신뢰로 사랑을 꽃피웠지
아무렴, 말을 못하면 어떠냐
살아 있으매 행복했어라

함께한 세월이 무지개처럼 아름답고
인생을 다시 사는 것같이 향기로운 삶을

넌 나의 다정한 친구, 그리고 동반자

그가 남긴 발자취 아름다운 사랑
불어오는 바람처럼 잡을 수 없으나
끝없는 사랑, 희망이 넘치는 반려자였지
하지만, 그리움 주고 간 사랑
고독이 밀려오는 쓸쓸한 밤이여
아직도 가슴속에 촉촉이 젖어드는
사랑아 내 사랑아
기약 없는 이별 나는,
창가에 부서지는 별빛을 훔치노라

엄마 아빠 품속에서 새근새근
잠이 들어 코를 고는 너의 모습
별처럼 아름다워 나는 입맞춤하였네

그대여!
저 영혼의 유희를 아시나요
가슴속에 파고드는 저 숨결
뜨겁게 전율 되는 생명의 따뜻함이여
그 정이 노랑나비처럼 아름다워라

그놈의 신부전!
한 생명을 송두리째 빼앗아 갔는데
아, 불쌍한 것
이 밤도 잠 못 이루고 나는
그 추억에 눈물짓누나

2016. 1. 17. 새벽

내 마음은 구름

별이 쏟아지는 밤
가로등 불빛 아래 그대 그림자를
밟으며 영혼을 향해 묻는다

겨울바람 솔가지 사이로
윙윙 소리 내어 울음 울고
나는 쓸쓸히 갈잎을 쓸어 담누나

내 마음 깊은 곳에
그대 그림자 담아
정처 없이 떠도는 구름 나그네

겨울비에 젖은 갈잎 하나
길 위에 바삭바삭 소리 내 구르는데
아, 내 마음은 떠도는 구름

내 마음의 노래

사랑스런 애견 솔이
그를 가슴에 품고 슬퍼한 마음
그가 떠난 지 벌써 일주일이 넘었다
그의 영혼을 기장 장안읍 애완견 장례식장에서
고이 장례를 치르고 그 유골을 가져와 서재 머리맡에 두고서
7일 동안 가슴 아픈 추억에 사로잡혔다

샛별같이 반짝이는 사진 속 그의 눈동자
환상에 눈물짓는 그 모습 위에 피어오르는 무지갯빛 오색구름
그를 가슴에 담고 흐느꼈다

햇볕 스며드는 고목 송 그늘 아래 고이 묻힌 그의 넋
이젠 하얀 구름 속에 묻혀버린 가엾은 영혼
나는 고목을 부여잡고 설움에 겹도록 그를 불렀다
서럽게 울어대는 아내의 눈물을 씻지 못하는 이 아픈 가슴
영원히 이룰 수 없는 사랑 그리움은 파도처럼 부서진다

이별은 슬픈 것, 슬픔은 가랑비에 젖은 시든 꽃잎처럼
가슴을 적시고 흘러내린다
마치 뒷동산 뻐꾸기처럼 서럽게도 날 울리고
뻐꾹뻐꾹 저 멀리 멀어져간다
그런 나를 얼빠진 사람이라 해도 좋다

나는 그를 사랑했기에
그를 너무도 사랑했기에
그렇게 그의 영혼을 가슴에 묻었다
생명은 소중한 것, 소중한 만큼 모든 생명을 사랑하라는
메시지를 던져준 솔이
오늘도 잊을 수 없이 눈물짓는 솔아
그를 향해 내 마음의 노래를 부르는데…

제7부

동그란 의자

동그란 의자

아무도 찾지 않는 숲속
지난밤 내린 겨울비
흠뻑 젖은 동그란 의자
고독에 쌓인 단풍잎들
아픈 눈물 글썽이고
가슴에 휑하니 부는 바람

그대 그리움을 낙엽 속에
묻어둔 채
정 주고 기다린 마음
햇살은 시리도록 가슴 아프게
그리움만 쌓인
동그란 의자

가을 향기

곱게 물든 가을 향기를 담은
그대 눈동자
샛별처럼 영롱한 저 푸른 하늘
사랑이 영그는 그리움을 쏟아낸다

그대 가슴 위에 쌓인 낙엽
내 영혼 불을 지피면
사랑은 뜨겁게 타오르다
사그라지는 불꽃이 되겠지

그대는 나의 희망
마저 피우지 못한 꽃잎처럼
쓸쓸히 저 먼 곳으로
그리움 안고 훨훨 날아가겠지

일그러진 초상肖像

길게 늘어진 하얀 머리칼
별처럼 반짝인다
눈가에 깊은 주름, 투박한 입술
그리고 코와 귀
어느 것 하나 내세울 것 없다

그런 내 모습을 조용히 품고 있는
거울 속의 까만 눈동자
세월의 아픔을 노래하듯
깊은 주름을 동반한 저승꽃
마냥 춤을 춘다

아직도 임에 대한 그리움
하얀 물안개처럼 피어오르고
거울에 비친 내 모습은
일그러진 초상화

이별

이별은 슬픈 것
잠시 만났다 헤어짐도
이별의 아픔일진대
사랑하는 이를 잃었다는 것은
참지 못할 고통의 연속

모태에서 태어날 때부터
행복을 위해서라면
우렁차게 울어야 한다고
원대한 꿈을 꾸었지

하지만, 세월은
나의 고달픔도 모른 채
바람처럼 훌쩍 달아나고
기쁨보다 고달프고, 괴로운 일들이
더 많았지

사랑과 미움은
오선지 위에 그려낸 노래들
모두가 다 사라진
이별의 슬픔들

사랑하는 이는
이별 앞에 흐느끼는 빗물
내 마음 정처 없이 떠도는
한 점 구름이어라

가을에 부치는 노래

갈바람 옷깃을 여미는 낙동강
사각사각 애처롭게 울어대는 갈잎
조용히 갈대숲 사이를 걸어갑니다

홍시 빛으로 물든 노을 속에
아련히 젖어오는 그리움
그 가을 초가지붕
희미한 호롱불 아래 어깨를 들먹이며
울먹이시던 울 엄마
엄마! 울었어요
아니야, 눈에 티가 들어갔단다
그러시는 어머니 눈가에 맺힌 눈방울

노을 속에 타들어간 갈대꽃 사이로
다정한 울 엄마의 애틋한 사랑
온 누리에 물들고 있는데
임 향한 그리움은 일렁이는 물결 속으로
그만 떨어지고 맙니다

이 가을에,
나는 낙동강 변을 터벅터벅 걸어갑니다

억새꽃처럼 하이얀 내 머리칼 위로
애잔한 미움들이 낙엽처럼 우수수 떨어집니다

아직도 봄은 저 멀리에 있는데
못다 핀 내 노래는 깊어가는 가을밤
작은 별이 되어
한없이 그대 이름을 아로새깁니다

눈目

칠십 평생 옥석처럼 지켜온
고귀한 눈
거울에 비친 내 모습
바라볼 수 있어 아름다운 것

영혼을 비추는 눈동자
그 속으로 빗물처럼 스며오는
녹내장
보고, 느끼고, 생각할 수 있는
그 순간이 언제일까

밤이 깊도록
오선지에 올려 못다 부른
내 노래
아직도 망설이고 있는 것은
바라볼 수 있는 눈目

행복은 저만치서
날 오라 손짓하는데
왠지 서러워지는 마음
코솝* 두 방울
눈가에 맺힌 설움

* 코솝 : Cosopt. 녹내장 점안액.

멀어져간 종소리

이젠 울지 마라
친구여
네가 울면
내 가슴이 찢어진다네
함께했던 그 세월
잡지도 못하고
뿌리치지도 못하고
보내야만 했던 내 마음
누가 너를
그렇게 울렸던가
멀어져간 종소리

슬퍼하지 마라
친구여
차라리 바람이 되어
내 잠든 창가에 머물다 가렴
그리고 행복에 겨워 울다 웃다
그리움 하나 남기고 가는
꿈이 되어다오
언젠가 나도 너처럼
추억 속에 눈물짓는
불쌍한 영혼
아— 멀어져간 종소리

담쟁이

억센 비바람 강풍에도 꺾이지 않고
살아남은 담쟁이
그 겨울은 무척이도 추웠지
살을 에는 추위에
체온을 유지하며 돌담을 사랑한 생명
아름다운 순결을 꽃피웠지

얼마나 그 고통을 참았는지
끝없이 몸체를 휘어 감고 고뇌한 정신
무지의 돌담을 사랑했노라
꽃피우고, 노래하고 있잖니

하지만, 친구야
그대 가슴 깊숙이 뿌리박은 이상
세상의 그 어느 것도 바꾸지 못할
믿음과 신뢰는 고귀한 것
그대가 이 몸뚱이를 싹둑 자르기 전에
심장의 박동은 멈추지 않겠지

비록 내 모습이 초라해도
그대를 포옹하고 있는 이 순간은

정말 행복했어
아름다운 사랑은 그렇게 자기를
희생하는 거야

낙엽을 밟으며

솔아
낙엽 밟는 소리 들리는가
바스락바스락 저 소리를
풍선처럼 터질 듯 사랑의 눈물을

솔아
우리 낙엽을 밟아보렴
연못 위에 별처럼 반짝이는 저 낙엽은
이루지 못한 사랑 너무 아쉬워
흐느끼는 눈물인가 봐

솔아
낙엽 밟는 소리 들리는가
고요한 연못 징검다리 위에
사뿐히 놓인 노오란 단풍잎
그대 그리워 터지는 울음소리

독백

그대!
낙엽 떨어지는 소릴 들었는가
낙엽은 내 가슴속에서 그리움 되어
아픔을 노래하는구나

그대!
낙엽의 신음소리 들리는가
바스락 낙엽 밟는 저 소리를
못다 한 사랑 아쉬워 흐느끼는 영혼

그대!
우리 낙엽 떨어지는 오솔길을 걷자
그대 내 가슴에 남긴 상처
그 겨울에 떠난 가엾은 영혼

2016. 12. 6.

바닷가에서

아무도 찾지 않는 바닷가에서
조약돌을 줍는다
하얀 거품 안고 노도처럼 밀려오는 바닷가
내가 살아 있으매 그대를 소유할 수 있다는 것
그러나 세월 앞에서는
아무것도 가질 수 없다는 헛된 망상
날 부르는 바다는 말이 없다

파도여, 산산이 부서진 파도여!
지평선 저 너머 그대 모습 가득 안고
파도처럼 밀려오는 그리움
날 오라 손짓하는 얄미운 사랑
보이는 것은 푸른 바다 지평선
내 사랑 어디에서 서성이고 있는가

모래 위에 새긴 그대 환한 미소
행복은 파도에 부서지고
슬픔이 몸부림치는 바닷가
하나 둘 신음하듯 밟혀오는 조약돌
아무것도 가질 수 없다는 것을
그대가 남긴 조약돌의 속삭임

오솔길

바람에 흩날리는 낙엽을 가슴에 안고
그 길을 걷는다
흔적 없이 사라진 임의 발자취
그 위에 내 그림자를 심는다
애정에 겹도록 거닐던 그 오솔길
추억은 그리움 속에 눈물짓고
겨울바람은 나뭇가지에 걸려 떨어지누나

붙잡지도 못한 세월
그 세월이 12년
영원한 사랑 간직하고 살라 했는데
홀연히 떠나간 영혼 앞에 침묵하는 운명
내가 살아 있으매 소유하고픈 마음
비록 헛된 꿈일지라도
욕망의 사슬 얽어매고 사랑하려 했는데
떠나간 돛단배처럼 허무한 인생

아, 그 길은 낙엽 같은 서글픈 사랑
내 맘속에 사무친 그리움
가슴에 쌓인 낙엽
눈물로 얼룩지네

비에 젖은 연가

눈을 감으면
보고파라 그대 모습
그대는 비에 젖은
한 떨기 들국화처럼 피어나고
내 가슴속에서 소리 없는 아우성

외로움은 고통 속에서 오열하고
아픔은 비에 젖은 연가
그대 생각에 잠 못 이루는 긴긴밤
뜬눈으로 지샌 밤, 붉게 충혈된 눈동자

독백은 창살에 부서지는 별빛이 되어
그대 그리움에 사로잡힌 영혼이어라
이 겨울, 그대여
고독에 떨고 있는 내 가슴 위로
조용히 비를 뿌려다오

잃어버린 세월

삭막한 세상
그 세월이 70년
잃어버린 세월 앞에
터지는 울음소리

그 꿈 많던 시절은
다 어디로 달아나고
남은 것은 공허 속 빈 잔
침묵 앞에 몸부림치는 나

이별은 그리움 속에
서러워서 울고
영혼은 그대 생각에
잠 못 이루나니

대지를 적시는 저 빗줄기
내 맘속에 지울 수 없는 상처들
그리움은 숯처럼
까맣게 타들어 간다

2016. 12. 27.

잎새에 걸린 달

길고 긴 겨울밤
찬찬히 공원을 걸었다
바람을 안고 울어대는 떡갈잎
솔가지들의 비비적대는 소리
작은 연못에 별처럼 반짝이는 낙엽들
모두가 다 그리움 속에 흐느낀다

쓸쓸한 밤은 익어가고
내 마음속 그리움은 그대와 마주하여
걷던 이 길을
한 송이 백합화로 피우려 했는데
나의 혼불은 사그라진 잿더미
저 달은 잎새에 걸려 울고 있구나

저녁 별

아직도 못다 한 사랑
날 부르는 소리
그대 미소는 구름 속에 잠들고
가슴속에 사무치는 그리움은
대지 위에서 흐느끼누나

달님은 날 오라 하는데
가까이 다가서면
보이는 것은 허공 속의 그리움
겨울바람은 휑하니
임 그리워 우는구나

좋은 인연

내가 살아가는 동안 길동무가 되는 것은
가슴 따뜻하고 심성이 고운 사람이면
족합니다

그 길이 아무리 험난해도 그대와 함께라면
난 외롭지 않습니다

사랑은 받는 것이 아니라 아낌없이 주는 것
행복은 멀리 있는 것이 아니라 우리 마음속에
머물고 있습니다

그대여, 외로워 말라
조금은 부족할지언정 가슴을 활짝 열어놓고
별처럼 속삭이는 좋은 인연으로 남겠습니다

파도여

파도여!
죽도록 사랑한 그 이름
내 마음 달랠 길 없어 망부석이 된다
웃음 가득 실은 모래성
휩쓸고 간 성난 파도
식을 줄 모르는 뜨거운 사랑
파도여, 영혼을 잠들게 하라

가슴에 새긴 정든 임
저 먼 지평선 바라보며 손짓했지
우리 언제 또다시 그 바닷가에서
모래성을 쌓을까
파도여, 우리 사랑은 허공 속에 잠들고
그리움은 파도처럼 밀려오는
옛 추억에 눈물짓누나

장봉천 리리시즘시의 구원의식(救援意識)

石蘭史 이 수 화

시인 · 국제펜클럽 고문 · 한국문학비평가협회 명예회장

장봉천 시(장봉천 시인의 시)는 리리시즘, 서정적(抒情的) 태도(스탠스)의 시가 추구하는 구원의식(救援意識)에 기반해 있다. 쉽게 말해 현실적 사물 대상에 대한 진정한 포월적(抱越的) 사랑의 태도가 넘치고 있다 하겠다.

그래서 장봉천 시인에게는 자신의 정체성이랄 수 있는 장씨 성(姓)을 애완견이자 반려동물 '솔' 에게 부여해 '장(張) 솔(松)' 이라 부르고 그 가족애, 혈육애까지 바탕(마음)에 깔아 살아온 것이다. 한마디로 말해 반려견 '장솔' 과 시인(장봉천) 사이는 피를 나누진 않았지만 육친(肉親)의 사이(관계)로 생(生)을 누려왔던 것이고, 반려견 장솔의 배우자를 맺어주지 못한 채 사별(死別)한 바를 뼈아파하며 끝없는 여한(餘恨)을 품게 되었던 것이다.

장봉천 시집 『눈물 꽃』(2017, 도서출판 천우 刊)은 이렇게 시인과 반려견 장솔 간의 언필칭 '인간과 동물 간

의 영혼 사랑' 이야기 콘텐츠라 하겠다.

그 이야기에는 그 누구도 아닌 육신과 영혼 빠짐없이 사랑하는 아내가 있는 바, 시인 못지않게 이 삼자(三者)는 삼위일체(三位一體)의 영원한 사랑을 이승과 저승(이들에겐 천당)을 구별 없이 사랑한다. 그것을 시집의 메타 텍스트 '눈물 꽃'은 상징하고 있는 것이다. 그러니까 이 시집 『눈물 꽃』은 시인(장봉천)과 그 아내와 '장솔' 이라는 반려견의 종점(終點) 없는 사랑의 콘텐츠라 하겠다.

장봉천 시인은 '눈물 꽃' 의 정체성에 대해 〈시인의 말〉에서 다음과 같이 밝혀 놓고 있다.

> 들녘에 피고 지는 저 이름 없는 풀꽃을 보라. 그 풀꽃에 맺힌 이슬방울이 어쩜 그렇게도 가슴 속에 저며 오는지 나는 그 풀꽃을 볼 때마다 무언의 그리움 속에 젖어 눈시울을 적신다. 내 마음속에 고이 간직한 사랑이 있다면 애견 솔이다. 솔이는 풀꽃에 지나지 않은 유기견에 불과하지만, 우리 품에 안기고부터 사랑을 독차지했다.
>
> — 〈시인의 말〉 중에서

이 자서를 봐도 부부의 '눈물 꽃'(시집 메타 텍스트)은 애완견(반려견) '장솔' 이다. 이들 시인 · 시인 부부 · 장솔은 그야말로 삼위(三位) 일체의 상호 보완적 사랑의 실체이다. 그래서 시집의 메타 텍스트가 된 것이다. 이 '눈물 꽃' 이란 유기견이 시인 부부의 '아들' 이나 다름없게 됐고, 시집 메타 텍스트가 됐을 뿐만 아니라, 인간의 '장솔' 이름까지 부여받게 됐다. 그리고 죽음 뒤에는 거듭 말해 영혼이 통하는 사랑의 존재론적 가족의 일원이 된 것이다. 이름 없는 풀꽃(들꽃)의 이슬방울 하나에 '눈물 꽃' 이란 아름다운 이름 명명(命名)하기의 존재론적 의미 부여는 시인(장봉천)으로서도 빛나는 창조적 행위이며 영원성을 획득하는 리리시즘 시의 구원의식에 다름 아니며 그것은 시인의 사명감을 완결하는 행위이다. 가령 「눈물 꽃 2」에 보이는,

그대는 가슴속에
곱게 피는 눈물 꽃
풀꽃에 맺힌 이슬방울처럼
소리 없이 떨어지는 꽃

얼마나 사랑했는지
별처럼 영롱한 아름다운 눈동자
그대 살아 있으매
행복하였노라
해맑은 고운 음성
영혼이 깨어 있어 행복했노라

하지만, 그대여
그대의 가냘픈 숨결
월광곡 음률처럼 내 곁에 머물지 못하고
훌쩍 떠나다니
아, 슬프다 이내 심정이여
이다지도 슬픈 상처를
그냥 주고 떠났는가

해 저문
그 겨울 고목 아래
그리움은 별빛처럼
날 오라 손짓하건만
그대 음성은 풀꽃에 맺혀
터지는 울음소리
영혼은 눈물 꽃 되어 떨어지누나

아, 사랑하는 임이여
사모했던 임이여
죽도록 사랑한 임은 떠났노라
사무치도록 사랑한 임은 간 곳이 없구나
불러도 대답 없는 임이여
그대 이름은 허공 속에 메아리 되어
대지 위에 떨어지누나

낙엽은 우수수 가슴 위에 쌓이고
겨울비는 추적추적
설움에 겹도록 울먹인다
아, 사랑하는 임은
내 마음속에 피는 눈물 꽃

—「눈물 꽃 2」 전문

「눈물 꽃」(시인의 말)과 「눈물 꽃 2」(작품)에는 시인(장봉천)의 이름 없는 풀꽃에 사랑을 쏟는 자연 친애 사상(리리시즘 정조(情操))이 천부적으로 품성화 되어 있었는데 워낙에 자연 친애심이 강고한 시인에게 그 풀꽃에 맺힌 이슬방울의 환상적 아름다움이 '장솔'에 대한 애틋한 사랑의 모습으로 확대되었으므로 그 동일성의 세계가 시인(장봉천 부부)에게는 이제 삶과 죽음을 초극한 아름다운 영혼을 통한 영원성(永遠性) 지향의 상호 애모성 정신 지향을 이루고 있다는 것이다. 따라서 장봉천 시의 리리시즘시 구원의식은 우리 서정시가 도달할 수 있는 최상의 경지에서 그 보편적 예술성을 획득하는 미학과 시인만의 독특한 시적 특성을 확보하는 기법적 우수성에 도달하는 문제에 이 글의 초점이 기울여져야 한다고 본다. 그것이 이 평설 글의 자연스러운 귀결일 터이다.

그대는 내 영혼 속에
피고 있는 수선화

눈을 감으면
꿈길에서 안겨드는
어여쁜 사랑

그대의 작은 미소
사로잡힌 영혼

아—
무지개처럼 피었다
사라지는 그대여

—「사로잡힌 영혼」 전문

예시(例詩)에 보이고 있는 첫 줄의 영혼(靈魂)은 육신(肉身)을 떠나서도 존재하며 인간 활동의 원동력으로 생각되는 정신적 실체다. 이런 시인의 영혼과 그대의 영혼은 누구 영혼인가? '장솔' 이 장봉천 시인에게 '그대' 임은 명약관화다. '장솔' 이외의 호명할 그대는 이 시집 원고를 모두 독파한 평설자 외엔 없다. 그보다는 시인의 영혼 속에 수선화가 핀다면 그건 '장솔' 이고, 그렇게 어여쁜 사랑도 '장솔' 인데 후말 2개 행은 그 '장솔' 의 미소 짓는 영혼에 사로잡힌 시인(장봉천)의 영혼도 결국 장솔의 영혼에 사로잡혀 무지개처럼 피었다 사라진다는 것이다.

이건 팩트(Fact)다. '장솔' 이란 '그대' 는 이미 죽은(死亡) 존재다. 「마저 피우지 못한 꿈」에 "너에게 닥쳐온 신부전이 그처럼 무섭단 말이냐"라고 시인(장봉천)이 탄식했듯 신부전으로 세상을 뜨기 전까지 반려견 '장솔' (시인이 부여받은 금정구청 등록번호(410100013227080)은 2009년 9월 28일부터 2015년 12월 27일 새벽 4시 30분까지 주민권을 가진 인간으로 살았다. 장봉천 시인의 반려견(애견) 사랑은 마침내,

> 그를 입양하기 전에는
> 칡뿌리를 질금질금 씹는 것처럼
> 즐겨 먹었다
>
> 그를 사랑하고부터는
> 보신탕과의 인연을 끊었다
>
> 그를 사랑하기에
>
> —「보신탕(補身湯)」 전문

위 예시(例詩)처럼 그의 몸뚱아리부터 보시하던 시인을 변화시켰다. 예시가 시인의 실천궁행하는 종교적 헌신이었다면,

나의 사랑스런
미니어처 슈나우저 장솔
생사의 기로에 서서
신부전腎不全 치료차
링거액 주사, 포도당을 주입했지

깨어나라, 일어나라
예전처럼 천방지축으로
함께 뛰어놀자
우리가 살면 얼마나 살지
목이 터지도록 불렀지

—「애견 사랑」 전문

이와 같은 병마와 싸우는 장솔에 대한 시인의 간병과 사랑은 부단히 지속되는 가운데 시인과 장솔(주인과 반려견) 간에는 저 죽음도 범접치 못하는 인간 정신의 실체, 즉 영혼의 교감이 상보적 포월성으로 시인 부부와 장솔 간에 맺어진다. 그것은 지극히 평범한 인간 의지—'희망' 이란 한마디 인텐셔널리티(언어의 지향성)였다.

앙리 베르그송이 인간 삶의 확장 의지를 알렝 비탈(인간은 이 알렝 비탈 정신으로 열 끼니를 굶어도 목숨이 붙어 있다는 인간 본성)에 두었듯이 '희망' 이 붙어 있는

한 깜깜한 어둠 속에서도 손톱이 다 닳아 없어지도록 먹이를 찾아 땅을 파헤친다는 것이다. 희망! 그것은 곧 '목숨' 이라는 것이다.

시인은 그래서 「까아만 눈동자 속에는」에서, '장솔' 의 꺼질 수 없는 목숨[生命]을 노래했다.

까아만 눈동자 속에는
별처럼 반짝이는 영혼을 담고 있다

까아만 눈동자 속에는
끝없이 펼쳐진 파아란 하늘을 담고 있다

까아만 눈동자 속에는
희망이 넘치는 바다를 담고 있다

까아만 눈동자 속에는
무지개처럼 영롱한 꿈을 담고 있다

까아만 눈동자 속에는
아직도 식을 줄 모르는 사랑을 담고 있다

—「까아만 눈동자 속에는」 전문

이 예시(例詩) 속 "까아만 눈동자 속에는"이라는 언어의 인테셔널리티에는 우리의 심리적 추동력이라는 마술성의 발기력(勃起力, Erection)이 숨겨져 있다. 까아만 눈동자를 깊숙이 들여다보면 우리는 저 형이상학파 시의 컨시이트(Conciet, 奇想)를 마주한 듯 이상한 전율성의 이미지를 본 듯 흥분하거나 환호작약의 은폐된 기쁨에 온몸을 어쩔 수 없이 떨게도 되는 것이다.

뼈만 앙상한 솔이
먹은 것이 없으니
남은 것은 영혼의 숨결
물끄러미 바라만 보는
연두색 밥그릇
하얀 대야에 가득 채워진 맑은 물
가냘픈 혀로 야금야금 먹다
그만 돌아서고 마는 애처로운
너의 모습

죽음이 도래하던 순간
새 힘이 솟는 것처럼 이제껏 보지 못한
본능적 행동을 보라
꼬리를 살금살금 흔들고 다가서는
그의 모습이 애처롭다

얼른 목줄을 챙겼지
패딩을 입히고 무언의 속삭임을 나눴지
따스한 햇살 젖어 흐르는 공원길을
우리 함께 달려가자꾸나
그를 안고, 걸리고
노랑 잔디밭을 향해 걸었지

오랜만의 외출이다
지난 11년을 오고 갔던 그 오솔길

모든 생명의 숨결은 아직도 식지 않고
사랑을 노래하는데
내 품에 안긴 그의 숨결은 왜 이리 거친가?
햇살을 머금고 춤을 추는 노란 잔디 위에
사랑하는 영혼은 어두운 그림자
진정 그를 너무도 사랑했는데
영혼에 사로잡혀 그렇게도 사랑했는데
그의 숨결은 작은 그림자 되어
어둠 속에 묻힌 가엾은 생명

그는 마치 기다려 왔다는 듯이
종종걸음으로 걷다 말고 다시 우리 품에
안겨들었다
지난날 일상의 모습처럼 소나무와 바위
그리고 마른 풀잎 가까이로, 더 가까이 다가가
그를 가슴에 안은 채
코를 맞대고 울먹이는 심정은 소리 없는 몸부림
아— 울고 싶어라

근육질로 뭉쳐진 예쁘게도 생긴 통통한 엉덩이
그 아름답던 엉덩이는 어디로 가고
이제는 바람에 날아갈 것만 같은 가냘픈 엉덩이
깡마른 몸체에서 깃털 하나 허공에 나부낀다
나의 사랑하는 솔
이 정도는 단번에 달려갈 그 길을
수십 번 걷다 안겨드는 애달픔
멍멍 소리 한번 내지 못하고
그냥 비틀비틀 걷다 말고 멍하니 하늘만 쳐다보누나

아, 불쌍한 나의 동무
이제 떠날 때가 되었나 보다
땅 그림자는 너의 머리 위로 살포시 내려앉는데
날 바라보는 너의 눈가에 맺힌 눈물
그 얼마나 고통을 노래했는가
설움에 북받쳐 마음 서러워서 눈물 나누나
오— 사랑하는 친구여
이것이 마지막 외출이 될 줄이야

—「마지막 외출」 전문

장장 60행의 이 예시 「마지막 외출」은 장봉천 시인의 시가 대체로 길기는 하지만 총 일곱 단락으로 이루어진 비교적 길지 않은 개별 단락으로 구성되어 있어서 독자의 지루함을 덜어주는 장점이 있다.

더구나 연(聯, 스탠자)을 구축하고 있는 행(行, line)의 길이가 길어봤자 8개 패러그래프, 음보율로도 동일한 보격을 유지하고 있어서 정형시(시조)가 엄격하게 지켜야 하는 율격 현상에서도 자유롭고, 활달한 이미저리 창출이 가능해 우선 「마지막 외출」이라는 서술시가 창출할 수 있는 내용의 서사성 확장과 시상의 주밀한 전개에도 크게 장점으로 활성화되고 있다.

전체적으로 이 예시는 죽음을 앞둔 반려견 '장솔'과 그 주인 화자(시인)의 죽음을 앞둔 글자 그대로 마지막 외출이기 때문에 무슨 크나큰 경천동지(驚天動地)의 엽기적인 이색(異色) 제재가 돌출해 있는 바도 아니다. 앞서 다른 텍스트에서 이미 소개된 반려견의 신부전증이 병인(病因)이고 반려견 주인(시인 장봉천 부부)의 애틋하고 안타까운 동물애(플라토닉)가 아름답게 그려지고 있는 텍스트군(群)으로 전개되고 있어서 작품을 읽는 독자 가슴엔 예사롭지 않은 리리시즘시의 따뜻하고 다사로운 서정적 감동과 독특한 장봉천 서정시 문학의 아름다운 미학에 적잖이 속 깊은 루선(淚線)의 자극을 떨쳐버리기 어렵지 않을까 싶다.

예시 「마지막 외출」을 전술에 이어 좀 더 자세히 집중해 본다.

총 7개 단락의 이 예시는 첫째 단락에서 신부전증으로 3가지 약만 복용하는 '장솔' 이 맑은 물만 야금야금 먹다 돌아서곤 해 앙상한 갈비뼈가 드러난 채 애처로운 모습인 참담한 상황을 묘사한다. 재롱덩어리 장솔의 반려자인 시인(장봉천 부부)에겐 지옥의 정경일 뿐이다.

제2단락의 새 힘이 솟는 듯 이제껏 보지 못했던 새 힘이 솟구치는 본능적 행동을 보인다. 더 애처로운 모습이다. 그래서 패딩을 입히고 따스한 햇살이 흐르는 노랑 잔디밭을 걸었다. 제3단락은 즐거웠던 회상의 길 걷기였다.

제4단락은 숨결이 가빠오는 신부전증의 위기와 영혼의 끈질긴 사투가 시작되고, 아름답던 장솔의 육신은 허공에 나부끼는 깃털 하나로 그의 애달픈 생명의 종점을 암시한다.

마침내 마지막 외출의 종착점에 이른 제7단락이 오고, 장솔은 "아, 불쌍한 나의 동무" 장솔도 마침내 시인(주인 장봉천)의 눈을 유심히 본다. 땅거미가 지고 장솔의 눈가에도 마지막 사별을 예고하는 눈물이 고여 내린다. 마지막 외출은 이들이 사별을 고하는 안타까운 영별의 의식이 되고 만다.

60행 일곱 단락의 이 유기견 장솔과 시인의 11년간에 걸친 반려견 사랑은 인간애를 넘치는 인간과 시인의 독특한 플라토닉 사랑의 안타까운 생(生)과 사(死)를 초월하는 영혼 결합이라는 진정성의 사랑을 구현하여 시예술의 독특한 감동샘을 창출하고 있다. 이 점은 시 「숫총각」이라는 장봉천 시인만의 독자적인 창작시를 창출하는데,

새별이 창가에 젖어 흐르고
고요가 안개처럼 피어오르는 밤
슬며시 가슴을 헤집고 끙끙대는
그의 야릇한 몸짓
나는 지그시 눈을 감고
그의 거친 숨결을 듣는다

언제나 같이 내 가슴팍에
속삭이는 그의 사랑은 외로운 길
예쁜 동무를 두지 못한 것을 가슴 아프게
후회를 했지

하지만, 그는 스스로 해결하려 드는 본능
그의 애정은 끝없는 무언의 사랑
긴긴 세월 속에
그를 그렇게 숫총각으로 묶어둔 것이
못내 가슴이 아프다

사랑은 꿈속을 헤매는 그만의 자위행위
그는 내 곁에서 그렇게 사랑을 구걸하다

숫총각으로 이슬처럼 사라진
가엾은 사랑

—「숫총각」 전문

시 「숫총각」은 장봉천 시인의 그 참회록이다. 아니 이 시집 『눈물 꽃』이 바로 그렇다. 솔이를 평생(11년이라도 얼마나 긴 세월인가!) 그의 예쁜 동무(암컷 반려견)와 절연시켜 그 2세 종족 번식의 욕구를 차단했다. 반려견(유기견 출신)을 데려다 키우며 장장 11년간 종족 번식의 욕구를 채워주지 못한 숭엄한 죄를 짓고 말았다. 시인은 장솔을 교회 신도로, 주민등록도 장솔이라는 이름도 당당히 갖추어준 아름다운 마음씨의 반려자였으되 돌이킬 수 없는 사랑의 독식자였다. 명색이 영혼주의자였단 말인가.

하늘도 장솔을 11년간 숫총각의 신세를 모면할 수 없게 한 시인에게 참회토록 허락해야 할 터이다. 그래서 장봉천 시인은 이 시집 『눈물 꽃』으로 참회하는 것이다. 죽도록 참회의 '눈물 꽃'을 피워 보는 것이다.

솔이 어디 있어
여기도 없고 저기도 없네
솔아 아빠가 부르잖아
어디 있어 빨리 나와 응
불러도 대답 없는 솔
왈칵 솟구쳐 오르는 눈물
감출 수가 없구나

텅 빈 공간
빤히 쳐다보는 사진 속
솔의 얼굴
부르는 내 목소리는
메아리 되어 창살에 떨어지누나
아, 울고만 싶어

―「울고만 싶어」 전문

장봉천 시집 『눈물 꽃』은 장솔이라는 이름과 주민증 번호까지 부여받아 시인과 11년 동안 함께 살다가 신부전증으로 사별한 반려견(유기견을 입양함)과의 애틋한 사랑(플라토닉 아가페(Agapé))을 수놓고 있다.

전작 시집으로 애완동물에 대한 시인의 창작 정신은 이 장봉천 시인만의 전무후무한 저작이라 한국 사회 문화사적인 희귀하고 보람된 저술이고, 문단사상 현대시 100을 넘는 희대의 유가치한 창작 시집이다.

여기에 마지막으로 예거하는 시 「울고만 싶어」는 반려견 장솔에 대한 변함없는 애정을 표상하는 장봉천 시인의 휴머니티 발현이고, 내가 여기 결론 삼아 지적한 장솔의 배우자를 거론해 그 짝을 찾아주지 못한 시인의 에고이즘 지적은 천려일실 견공사회(犬公社會)의 풍속의 이질성 탓으로 돌려 나의 지적은 하나의 상상력의 일단임을 부기해 두는 바이다.

시 창작술이나 사상(思想)과 감정(感情)의 위일 융합된 감수성 미학의 반영 효과는 장봉천 시법이 적잖이 달성하고 있는 시창작 기법 중의 하나여서(원래는 엘리오트 기법) 이 시집 텍스트군에 충분히 잘 구현되고 있는

데다가 작품마다 적잖은 효과를 거두고 있어 여기 장봉천 시인의 노고와 발랄한 텍스트 창작 전개상 빛나는 성과를 이루고 있음을 경하해 마지않는 바이다.

2017. 7. 30. 삼복(三伏) 중에

서울 삼개나루 수당헌(樹堂軒)에서 씀

문학세계대표작가선 822

눈물 꽃

장봉천 시집

인쇄 1판 1쇄 2017년 8월 23일
발행 1판 1쇄 2017년 8월 30일

지 은 이 : 장봉천
펴 낸 이 : 김천우
펴 낸 곳 : 도서출판 천우
등 록 : 1992. 2. 15. 제1-1307호
주 소 : 서울시 성동구 무학봉28길 6 금용빌딩 2F
전 화 : 02)2298-7661
팩 스 : 02)2298-7665
http://moonhak.wla.or.kr
E-mail : chunwo@hanmail.net

값 10,000원

ISBN 978-89-7954-683-5

이 도서의 국립중앙도서관 출판예정도서목록(CIP)은 서지정보유통지원시스템 홈페이지(http://seoji.nl.go.kr)와 국가자료공동목록시스템(http://www.nl.go.kr/kolisnet)에서 이용하실 수 있습니다. (CIP제어번호: CIP2017021759)